INHALT

W0265417

LIEDANFÄNGE

1001 NACHT

I/1

T.: N. Heirel
M.: Göran Walger

2. Erinnerst du dich, wir haben Indianer gespielt,
und uns an Fasching in die Büsche versteckt.
Was war eigentlich los, wir haben nie was gefühlt,
so eng nebeneinander und doch gar nichts gecheckt.
War alles ganz logisch, wir kennen uns zu lange,
als dass aus uns noch mal irgendwas wird.
Ich wusst wie dein Haar riecht, und die silberne Spange
hatt ich doch schon tausend Mal beim Tanzen berührt.

Tausend Mal ...

3. Wie viele Nächte wusst ich nicht, was gefehlt hat,
wär nie drauf gekommen, denn das warst ja du.
Und wenn ich dir oft von meinen Problemen erzählt hab,
hätt ich nie gedacht, du warst der Schlüssel dazu.
Doch so aufgewühlt hab ich dich nie gesehen,
du liegst neben mir, und ich schäm mich fast dabei.
Was war bloß passiert, wir wollten tanzen gehn,
alles war so vertraut, und jetzt ist alles neu.

Tausend Mal ...

Klaus Lage

1950 in Soltau in der Lüneburger Heide geboren, macht Klaus Lage zunächst eine kaufmännische Lehre, siedelt Anfang der 1970er-Jahre nach Berlin, wird dort Erzieher und Sozialarbeiter und tingelt mit seinem „Berliner Rockensemble“ durch Clubs. Erste Alben folgen 1981 und 1982 („Musikmaschine“ und „Positiv“). Nach einem weiteren Album 1983 gelingt ihm 1984 mit dem von Wolf Maahn produzierten Album der endgültige Durchbruch. Die Single-Auskopplung „1001 Nacht“ wird zum Megaseller. Mitte der 90er-Jahre produziert er die deutschen Versionen zum Film „Toy Story“ und den Titelsong des Musicals „Stars“. Für sein letztes Album „Die Welt ist schön“ (2003), welches er zusammen mit seinem Gitarristen Dieter Wölpl produziert, ist er selbst wieder verstärkt als Autor tätig.

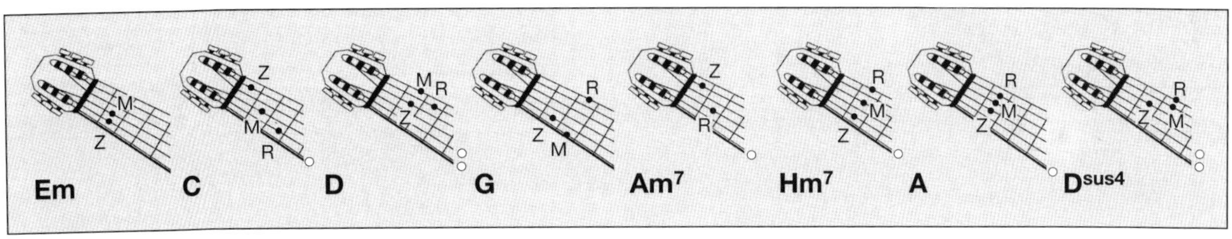

1001 NACHT

T.: N. Heirel
M.: Göran Walger

Em
A
C
Refrain
E-Pn.
Git.
Bass
G
D
Em
Am
Dr.
D sus4
D
Em
D
Em

8 MILE HIGH

I/2 /1

T & M: M. Mathers, L. Resto

Rhythmusbegleitung:

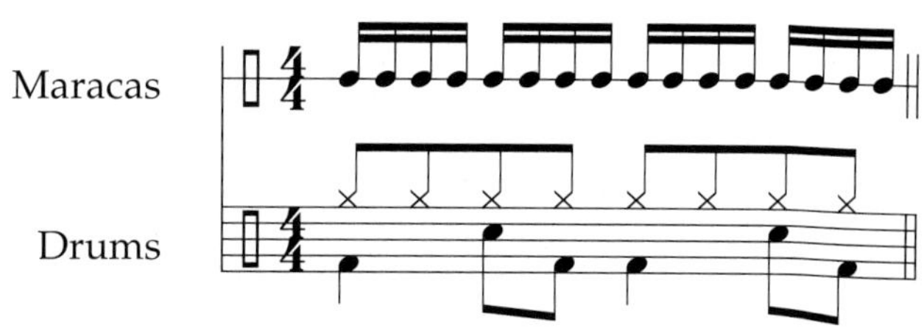

1. Sometimes I just feel like, quittin I still might
Why do I put up this fight, why do I still write
Sometimes it's hard enough just dealin with real life
Sometimes I wanna jump on stage and just kill mics
And show these people what my level of skill's like
But I'm still white, sometimes I just hate life
Somethin ain't right, hit the brake lights
Case of the stage fright, drawin a blank like

Da-duh-duh-da-da, it ain't my fault
Great then I falls, my insides crawl
and I clam up (wham) I just slam shut
I just can't do it, my whole manhood's
just been stripped, I have just been vicked
So I must then get, off the bus then slip
Man fuck this shit yo, I'm goin the fuck home
World on my shoulders as I run back to this 8 Mile Road

Refrain
I'm a man, I'm a make a new plan
Time for me to just stand up, and travel new land
Time to really just take matters into my own hands
Once I'm over these tracks man I'ma never look back
(8 Mile Road) And I'm gone, I know right where I'm goin
Sorry momma I'm grown, I must travel alone
And go follow the footsteps I'm makin my own
Only way that I know how to escape from this 8 Mile Road

2. I'm walkin these train tracks, tryin to regain back
the spirit I had, fore I go back to the same crap
To the same plant, and the same pants
Tryin to chase rap, gotta move ASAP
And get a new plan, momma's got a new man
Poor little baby sister, she don't understand
Sits in front of the TV, buries her nose in the pad
And just colors until the crayon gets dull in her hand

While she colors her big brother and mother and dad
Ain't no tellin what really goes on in her little head
Wish I could be the daddy that neither one of us had
But I keep runnin from somethin I never wanted so bad!
Sometimes I get upset, cause I ain't blew up yet
It's like I grew up, but I ain't grow me two nuts yet
Don't gotta rep my step, don't got enough pep
The pressure's too much man, I'm just tryin to do what's best

And I try, sit alone and I cry
Yo I won't tell no lie, not a moment goes by
That I don't pray to the sky, please I'm beggin you God
Please don't let me be bitchin holdin no regular job
Yo I hope you can hear me homey wherever you are
Yo I'm tellin you dawg I'm bailin this trailer tomorrow
Tell my mother I love her, kiss baby sister goodbye
Say whenever you need me baby, I'm never too far

But yo I gotta get out there, the only way I know
And I'ma be back for you, the second that I blow
On everything I own, I'll make it on my own
Off to work I go, back to this 8 Mile Road

Refrain

3. You gotta live it to feel it, you didn't you wouldn't get it
Or see what the big deal is, why it wasn't the skillest
To be walkin this borderline of Detroit city limits
It's different, it's a certain significance, a certificate of authenticity, you'd never even see
But it's everything to me, it's my credibility
You never seen heard smelled or met a real MC
who's incredible upon the same pedestal as me

But yet I'm still unsigned, havin a rough time
Sit on the porch with all my friends and kick dumb rhymes
Go to work and serve MC's in the lunchline
But when it comes crunch time, where do my punchlines go
Who must I show, to bust my flow
Where must I go, who must I know
Or am I just another crab in the bucket
Cause I ain't havin no luck with this little Rabbit so fuck it

Maybe I need a new outlet, I'm startin to doubt shit
I'm feelin a little sceptical who I hang out with
I look like a bum, yo my clothes ain't about shit
if the Salvation Army tryin to salvage an outfit
And it's cold, tryin to travel this road
Plus I feel like I'm on stuck in this battlin mode
My defenses are so up, but one thing I don't want
is pity from no one, the city is no fun

There is no sun, and it's so dark
Sometimes I feel like I'm just bein pulled apart
I'm torn in my limbs, by each one of my friends
It's enough to make me just wanna jump out of my skin
Sometimes I feel like a robot, sometimes I just know not
what I'm doin I just blow, my head is a stove top
I just explode, the kettle gets so hot
Sometimes my mouth just overloads the ass that I don't got

But I've learned, it's time for me to U-turn
Yo it only takes one time for me to get burned
Ain't no fallin no next time I meet a new girl
I can no longer play stupid or be immature
I got every ingredient, all I need is the courage
Like I already got the beat, all I need is the words
Got the urge, suddenly it's a surge
Suddenly a new burst of energy is occured

Time to show these free world leaders the three and a third
I am no longer scared now, I'm free as a bird
Then I turn and cross over the median curb
Hit the verbs and all you see is a blur from 8 Mile Road

Refrain

8 MILE HIGH

Eminem

Eminem, der Elvis des Rap, hat mit dem Film „8 Mile“ 2003 eine autobiografische Milieustudie vorgelegt, die ihm zuvor keiner zugetraut hatte. Hierin erzählt er die Geschichte – z.T. seine Geschichte – des weißen Jungen aus den Slums der Autometropole Detroit, der sich Mitte der 90er-Jahre gegen die schwarze Rapperszene durchboxt. Ähnlich wie Elvis in den 50ern wird damit ein Weißer zum Star einer Musik, die aus der afro-amerikanischen Subkultur hervorging. Für die Jugendlichen Detroits ist Rap in dieser Zeit weit mehr als ein Musikstil. Er ist Identifikation, Selbstfindung und Boxen mit Worten; eine Möglichkeit der Schraube der Gewalt zu entgehen und vielleicht auch eines Tages groß herauszukommen.
Eminem – bürgerlicher Name Marshall Mathers – kommt 1972 in Missouri zur Welt, die Eltern trennen sich früh, die Mutter zieht häufig um, die finanzielle Situation ist schlecht. Schließlich zieht er mit seiner Mutter in die Straße „8 Mile“, die den weißen Vorort Warren vom überwiegend von Schwarzen bewohnten Detroit trennt. Doch Marshall wohnt auf der „falschen“ Seite, in einer Atmosphäre des beiderseitigen Rassismus. Mit 14 beginnt er schließlich zu rappen und setzt sich langsam unter großen Widerständen durch.

Die Begleitung des Songs ist bestimmt durch einfache Motive, die aber nicht leicht zu spielen sind. Beide Themen, die nacheinander einsetzen, sind stark geprägt durch Offbeats. Auf Seite 10 sind sie deshalb vereinfacht wiedergegeben. Auf dieser Seite sind die Originalstimmen – zur besseren Lesbarkeit „alla breve" – notiert. Es werden also Halbe gezählt.

Thema 1

Thema 2

Schlagzeug

ALL THAT SHE WANTS

I/3

T. u. M.: Ekberg, Ulf-Berggre, Jonas Berggren, Jenny Berggren, Malin

Ablauf:

Intro 1 – Strophe 1 – Refrain 2x – Zwischenspiel 2x – Strophe 2 – Refrain 2x – Zwischenspiel 4x – Refrain – Coda (Zwischenspiel 2) – Refrain ad lib.

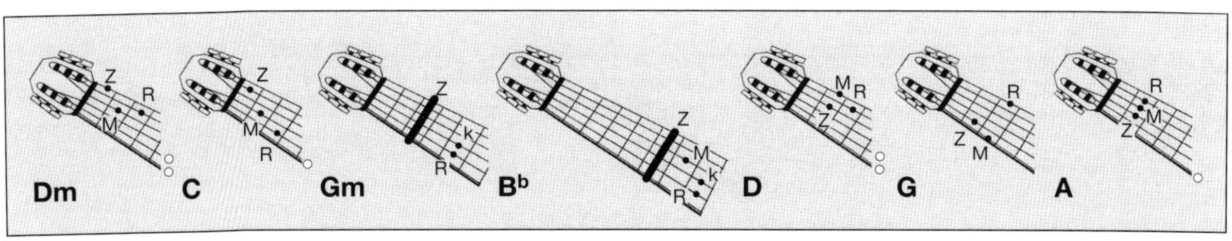

ALL THAT SHE WANTS

T. u. M.: Ekberg, Ulf-Berggre, Jonas Berggren, Jenny Berggren, Malin

Ace Of Base

Wie das Erfolgsquartett „ABBA“ kommen die vier Mitglieder von „Ace Of Base“ aus Schweden. Im Jahr 1993 landen die drei Geschwister Jenny, Linn und Jonas Berggren, unterstützt durch Ulf Ekberg, mit ihrer Debüt-Single „All That She Wants“ vom Album „Happy Nation/The Sign“ einen Welterfolg. Auch wenn es schwer ist, nahtlos an den Anfangserfolg anzuknüpfen, so verkauft sich das Nachfolgealbum immerhin noch fünf Millionen Mal, und mit „Beautiful Morning“ aus dem Jahre 2002 werden auch wieder obere Chartplätze erreicht.

AM TAG, ALS CONNY KRAMER STARB

T & M: Robbie Robertson
dt. Text: Hans-Ullrich Weigel

1. Wir lagen träumend im Gras,
die Köpfe voll verrückter Ideen.
Da sagte er nur zum Spaß:
„Komm, lass uns auf die Reise gehn."
Doch der Rauch schmeckte bitter,
aber Conny sagte mir, was er sah,
ein Meer von Licht und Farben.
Wir ahnten nicht,
was bald darauf geschah.

Refrain
Am Tag, als Conny Kramer starb,
und alle Glocken klangen.
Am Tag, als Conny Kramer starb,
und alle Freunde weinten um ihn.
Das war ein schwerer Tag,
weil in mir eine Welt zerbrach.

2. Er versprach oft, ich lass es sein.
Das gab mit wieder neuen Mut
und ich redete mir ein,
mit Liebe wird alles gut.
Doch aus den Joints, da wurden Trips.
Es gab keinen Halt auf der schiefen Bahn.
Die Leute fingen an zu reden,
aber keiner bot Conny Hilfe an.

Refrain

3. Beim letzten Mal sagte er:
„Nun kann ich den Himmel sehn."
Ich schrie ihn an, „Oh, komm zurück."
Er konnte es nicht mehr verstehn.
Ich hatte nicht einmal mehr Tränen,
ich hatte alles verloren, was ich hab.
Das Leben geht einfach weiter.
Mir bleiben nur noch
die Blumen auf seinem Grab.

Refrain

Juliane Werding

Im Jahr 1972 landet Juliane Werding, gerade 16-jährig, mit dem Anti-Drogen-Schlager „Am Tag, als Conny Kramer starb" (von ihrem ersten Album „In tiefer Trauer"; Originaltitel von Robbie Robertson: „The Night They Drove Old Dixie Down", gesungen von Joan Baez) einen landesweiten Hit, der sich 14 Wochen in den Charts hält. Bereits 1970 schickt sie ein Band mit Liedern an den Talentschuppen des SWF, wo sie ein Jahr später mit zwei Songs auftritt. Ab Ende der 1970er-Jahre schreibt sie verstärkt eigene Texte und nimmt weitere deutsche Versionen internationaler Hits auf. Nach unterschiedlichen Berufsausbildungen steht sie seit dem Jahr 2000 in München als Schauspielerin auf der Bühne und veröffentlicht 2001 ein Buch mit dem Titel „Sagen Sie mal, Herr Jesus ... – und andere Interviews mit Menschen der Bibel".

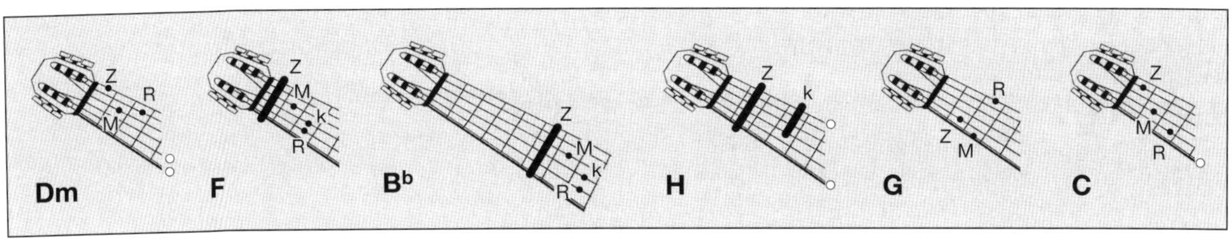

AMERICAN PIE

I/4 I/2

T & M: Don McLean

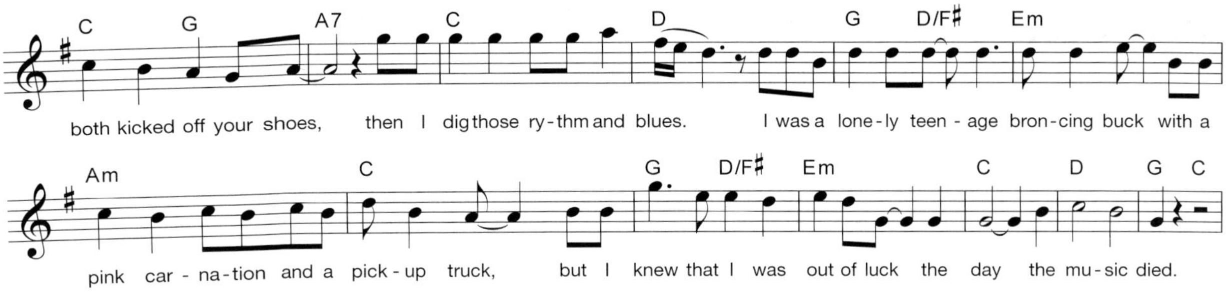

Der 1945 geborene Don McLean schrieb den Song im Andenken an den Rock´n´Roll-Sänger Buddy Holly, der 1959 bei einem Flugzeugabsturz ums Leben kam.

3. Now for ten years we've been on our own
And moss grows fat on a rollin' stone,
But that's not how it used to be.
When the jester sang for the King and Queen,
In a coat he borrowed from James Dean
And a voice that came from you and me,
Oh, and while the King was looking down,
The jester stole his thorny crown.
The courtroom was adjourned;
No verdict was returned.
And while Lennon read a book of Marx,
The quartet practiced in the park,
And we sang dirges in the dark
The day the music died.
We were singing, … [

Refrain

4. Helter Skelter in a summer swelter.
The birds flew off with a fallout shelter,
Eight miles high and falling fast.
It landed foul on the grass.
The players tried for a forward pass,
With the jester on the sidelines in a cast.
Now the half-time air was sweet perfume
While the Sergeants played a marching tune.
We all got up to dance,
Oh, but we never got the chance!
'Cause the players tried to take the field;
The marching band refused to yield.
Do you recall what was revealed
The day the music died?
We started singing, …

Refrain

5. Oh, and there we were all in one place,
A generation lost in space
With no time left to start again.
So come on: Jack be nimble, Jack be quick!
Jack Flash sat on a candlestick
Cause fire is the Devil's only friend.
Oh, and as I watched him on the stage
My hands were clenched in fists of rage.
No angel born in hell could break that Satan's spell.
And as the flames climbed high into the night
To light the sacrificial rite,
I saw Satan laughing with delight
The day the music died
He was singing, …

Refrain

6. I met a girl who sang the blues
And I asked her for some happy news,
But she just smiled and turned away.
I went down to the sacred store
Where I'd heard the music years before,
But the man there said the music wouldn't play.
And in the streets: the children screamed,
The lovers cried, and the poets dreamed.
But not a word was spoken;
The church bells all were broken.
And the three men I admire most:
The Father, Son, and the Holy Ghost,
They caught the last train for the coast
The day the music died.
And they were singing, …

Refrain 2x

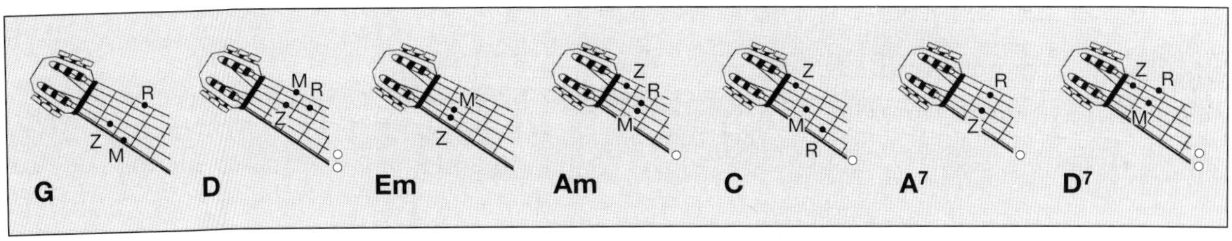

ANNIE'S SONG

I/5

T & M: John Denver

John Denver

John Denver (eigentlich Henry John Deutschendorf Jr.) wird am 31.12. 1943 in New Mexico geboren, am 12.10.1997 kommt er bei einem Flugzeugabsturz in der Nähe der kalifornischen Stadt Monterey ums Leben, als sein Privatflugzeug ins Meer stürzt.
Mit elf Jahren bekommt er von seiner Großmutter eine Gitarre und nimmt Unterricht. Ab Ende der 1960er-Jahre schreibt er Songs, meist mit ländlich verklärten, folkloristischen Texten. Einer größeren Zuhörerschaft wird Denver zunächst als Autor des „Peter, Paul and Mary“-Songs „Leaving On A Jet Plane“ bekannt. In der Folge wird er selbst zum populären Folksänger und Millionenseller. 1975 wird er vom Fachblatt „Billboard“ gleich viermal zum erfolgreichsten Country-Pop-Interpreten gewählt. Als einer der ersten US-Sänger tourt er Mitte der 1980er-Jahre durch die UdSSR und China.
Seit den späten 80ern dreht er Filme mit ökologischen Background. „Annie´s Song“ stammt vom Album „Back Home Again“ (1974) und ist in der Hitliste der offiziellen Homepage John Denvers die Nr. 1. Der bei uns wohl bekannteste Denver-Song („Country Roads“) erscheint dort erst auf Platz 9.

Gitarren-Begleitung

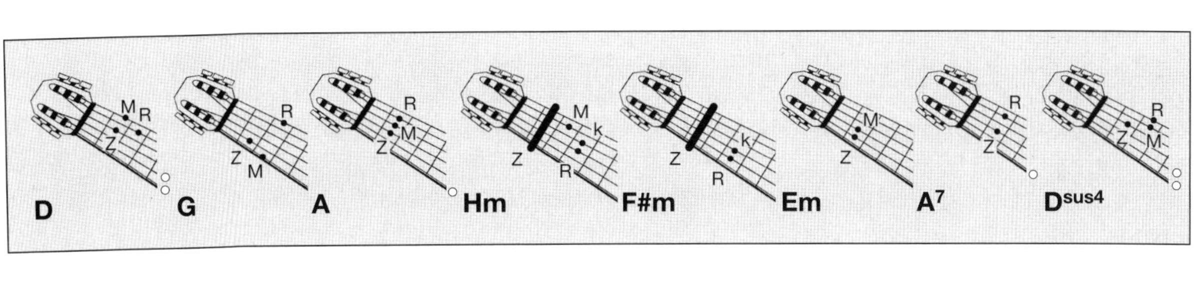

BAD MOON RISING

I/6

T & M: John Foggerty

Creedence Clearwater Revival

Creedence Clearwater Revival, kurz CCR, ist die wohl populärste Country-Rock-Gruppe der späten 1960er-Jahre. Die Band war von Anfang an am kommerziellen Erfolg orientiert und in dieser Hinsicht sehr erfolgreich. Mit „Bad Moon Rising“, „Proud Mary“ und „Sweet Hitch Hiker“ gelingt ihnen der Sprung in die Charts gleich dreifach. Neben dem Songschreiber John Fogerty (Gitarre, Gesang) gehörten Tom Fogerty (Gitarre), Stu Cook (Bass) und Doug Clifford (Schlagzeug) zur Band, die zwischen 1967 und 1972 bestand.

Ablauf:

Intro 4 Takte – Strophe 1 – Refrain – Strophe 2 – Refrain – Instrumentalsolo über 16 Takte – Strophe 3 – Refrain – Refrain

Begleitung

Strophe

Refrain

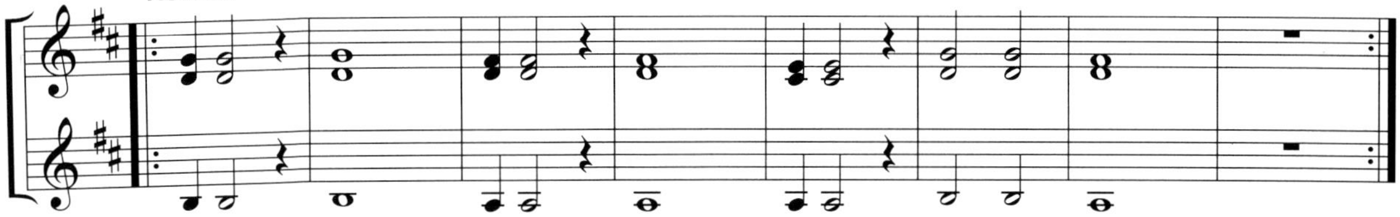

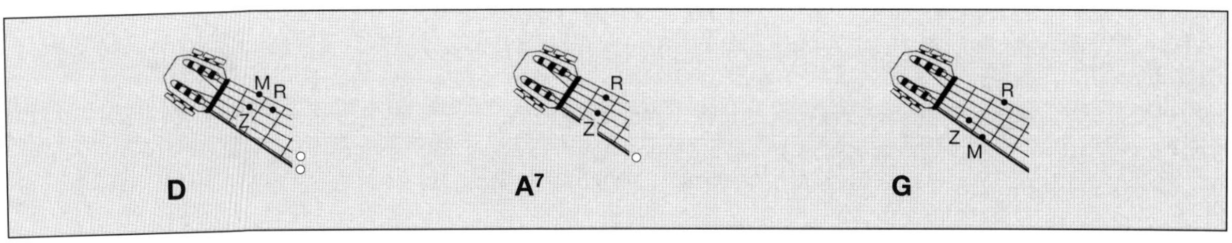

BASKET CASE

Original in E-Dur

I/7 I/3

T. & M.:
Billie Joe Armstrong,
Frank E. Wright III, Mike Pritchard

Green Day

Die Band wird 1989 gegründet, als sich die Schulfreunde Billie Joe Armstrong (Gesang und Gitarre) und Mike Dirnt (Bass und Gesang) mit dem Schlagzeuger Tré Cool zusammentun und ihre ersten Singles aufnehmen („Hours" und „Slappy"). 1990 folgt ihr erstes Album „39/Smooth", welches die Band über die Grenzen ihrer Heimatstadt Berkeley (Kalifornien) bekannt werden lässt. Mit stetigen Club-Tourneen vergößert die Band ihren Fankreis und erspielt sich einen Ruf als melodiöse, schnelle und laute Punk-Band. Dem Album „Kerplunk" von 1992 folgt 1994 das Erfolgsalbum „Dookie", von dem der Titel „Basket Case" stammt. Es verkauft sich über zwölf Millionen Mal. Für das Album erhält Green Day den Grammy-Award als „Beste alternative Performance". Nachdem es in den späten 1990er-Jahren etwas ruhiger um die Band wird, ist sie mittlerweile wieder sehr erfolgreich und regelmäßig in den Charts vertreten.

Ablauf: Strophe 1 – Refrain – Gitarrenriff (4 Takte) – Strophe 2 – Refrain – Gitarrenriff (8 Takte) – Bridge – Strophe (instrumental) – Refrain – Coda

Do you have the time to listen to me whine
about nothing and everything all at once.
I am on oh those
melodramatic fools,
neurotic to the bone no doubt about it.

Sometimes i give myself the creeps.
Sometimes my mind plays tricks on me.
It all keeps adding up.
I think I'm cracking up.
Am I just paranoid?
I'm just stoned.

I went to a shrink
to analyze my dreams.
She says it's lack of sex that's bringing me down.
I went to a whore,
he said my live's a bore
and quit no whining cause it's bringing her down.

Grasping to control
so you better hold on.

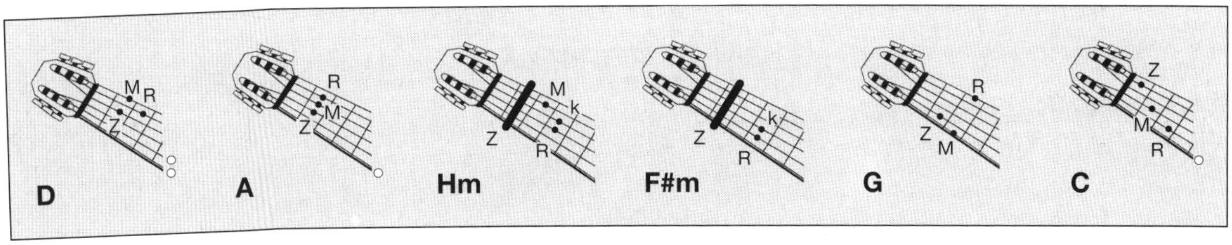

BEDS ARE BURNING

I/8 I/4

T. & M.: Peter Roberts Garrett, Robert George Hirst, James Paul Moginie

Ablauf: Intro – Strophe – Bridge – Break (6/4-Takte) – Refrain – Nachsatz (1x) – Instrumental (4 Takte E-Moll) – Strophe – Break (6/4-Takt + 4/4-Takt) – Refrain – Nachsatz (2x) – Refrain

Der Titel „Beds Are Burning“ der australischen Band Midnight Oil gehört mit Sicherheit zu den großen Kulthits der 1980er-Jahre und stammt von der1987 erschienenen LP „Diesel And Dust“. Die Band zeigt sich in ihren Texten politisch engagiert, kämpft gegen die Unterdrückung der Ureinwohner Australiens und gegen Umweltverschmutzung, Sänger Peter Garrett kandidiert beispielsweise für die australische Antiatompartei. Mit sinkendem Interesse an politischen Botschaften in der Popmusik schwindet auch der Erfolg der Band im Laufe der 90er-Jahre.
Ein wichtiges und wiederkehrendes Motiv ist die Figur im Break, die im 6/4-Takt eingeschoben wird (ggf. plus Zusatztakte), und von allen Instrumenten (Tutti) gespielt werden kann.

Bassfigur

Strophe u. Bridge

Refrain

Xylofone Strophe

Strophe u. Bridge

Break

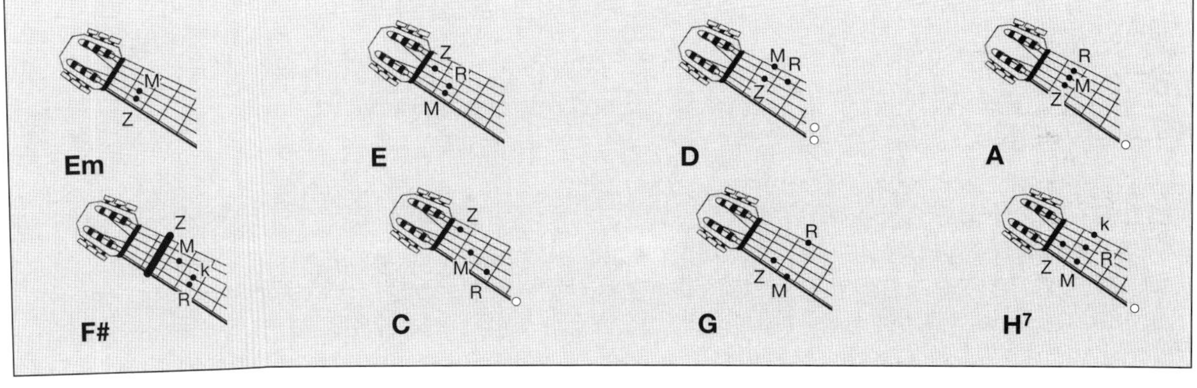

BIG BIG WORLD

I/9 I/5

T. & M.: Emilia Rydberg, Lars Gustav Anderson

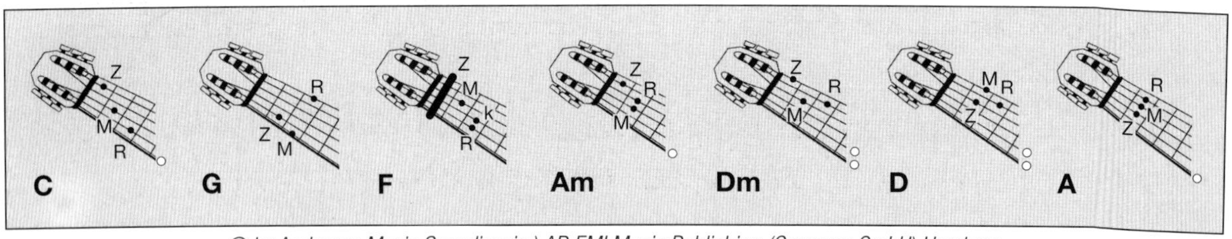

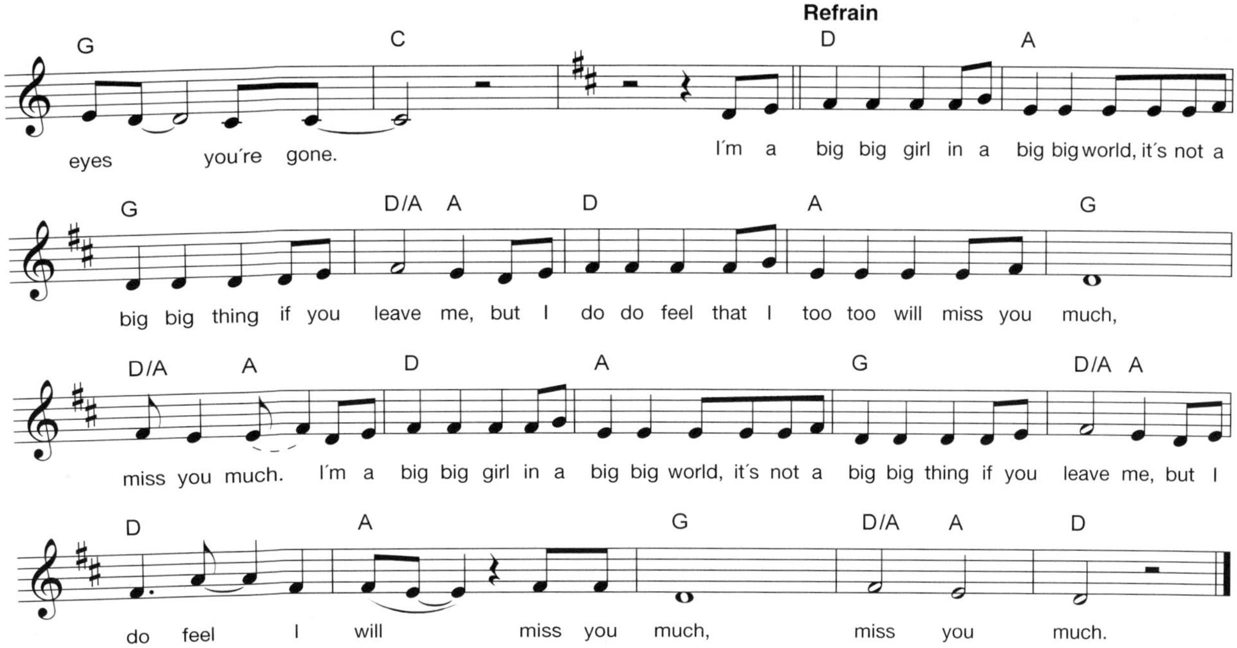

Emilia

Emilia Rydberg, Tochter einer schwedischen Mutter und eines äthiopischen Vaters, ist zwanzig Jahre alt und Wirtschaftsstudentin in Stockholm, als sie 1999 auf Anhieb diesen Hit landet. Der Song, der sich – mit seinem eingängigen Refrain und von einer einschmeichelnden Stimme gesungen – besonders beim jüngeren Publikum schnell durchsetzt, wird von „Yogi" Lars Anderson – dem Sohn eines ABBA-Mitglieds – produziert. Mit zehn Jahren nimmt Emilia Musikunterricht an einer Stockholmer Musikschule, singt als Jugendliche in Rockbands, erhält mit achtzehn ihren ersten Plattenvertrag bei einem namhaften Label und produziert dort das Album, von dem ihr Single-Hit stammt.

Begleitung

BLUE SUEDE SHOES

T & M: Carl Lee Perkins

Ablauf:

1. Strophe – 2. Strophe – Gitarrensolo – 3. Strophe – Gitarrensolo – 1. Strophe – Turnaround über „Blue, blue, blue suede shoes ...“ – Typischer Rock ´n´ Roll-Schluss

Elvis und der Rock´n´Roll

Mitte der 1950er-Jahre vereinigen sich unterschiedliche Strömungen der populären Musik Nordamerikas zu einer neuen Stilrichtung, die von dort aus eine weltweite Verbreitung findet und sich auf alle weiteren Entwicklungen der Unterhaltungsmusik auswirkt: Aus den beiden einflussreichsten Quellen, dem Rhythm & Blues der schwarzen Bevölkerung und der Country und Western-Musik der Weißen, entsteht der Rock ´n´ Roll. Ist diese Musik schon durch überwiegend schwarze Interpreten erfolgreich, so verhilft der 1935 in Tupelo, Mississippi, geborene Elvis (Elvis Aron Presley) als Weißer mit einer schwarz anmutenden Stimme, dem Rock ´n´ Roll endgültig zum Durchbruch. Nach dem Erfolg der Beatles und der englischen Popmusik in den 1960ern wird es dann vorübergehend still um Elvis, doch ab 1969 kommt mit „In The Ghetto“ das Comeback. Bis 1976 ist Elvis trotz gesundheitlicher Probleme ständig auf der Bühne präsent und hat bis dahin rund 300 Millionen Schallplatten verkauft. Am 17.8.1977 stirbt Elvis in Memphis.

Zum Song

Strophe im 12-taktigen Bluesschema: *I I I I – IV IV I I – V IV I I*
Anfang mit den typischen Stopps, Anschlag nur auf Zählzeit Eins mit kurzem Auftakt.

Begleitung

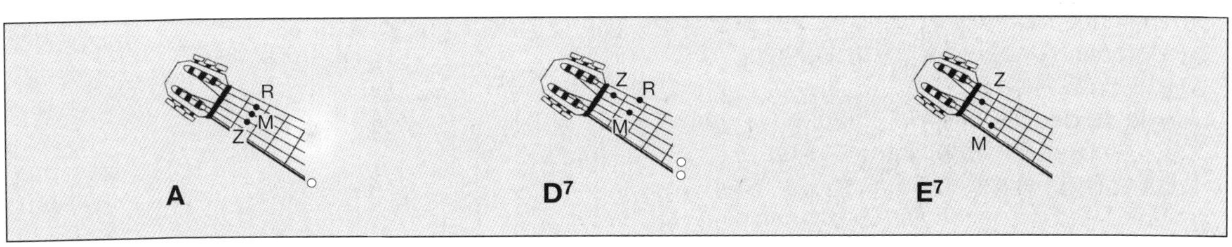

DIE GEDANKEN SIND FREI

T & M: Traditionell

1. Die Gedanken sind frei, wer kann sie erraten.
   Sie fliegen vorbei wie nächtliche Schatten.
   Kein Mensch kann sie wissen, kein Jäger erschießen.
   Es bleibet dabei: Die Gedanken sind frei.

2. Ich denke, was ich will und was mich beglücket,
   doch alles in der Still' und wie es sich schicket.
   Mein Wunsch und Begehren kann niemand verwehren.
   Es bleibet dabei: Die Gedanken sind frei.

3. Und sperrt man mich ein im finsteren Kerker,
   das alles sind rein vergebliche Werke;
   denn meine Gedanken zerreißen die Schranken
   und Mauern entzwei: Die Gedanken sind frei.

4. Nun will ich auf immer den Sorgen entsagen,
   und will mich auch nimmer mit Grillen mehr plagen.
   Man kann ja im Herzen stets lachen und scherzen
   und denken dabei: Die Gedanken sind frei.

5. Ich liebte den Wein, mein Mädchen vor allen,
   die tut mir allein am besten gefallen.
   Ich sitz nicht alleine bei einem Glas Weine,
   mein Mädchen dabei: Die Gedanken sind frei.

Zum Lied

Das Lied „Die Gedanken sind frei“ stammt von einem Flugblatt aus der Zeit der französischen Revolution. Im Text werden einerseits die freigeistigen Ideale der Aufklärung vertreten, die schließlich (in Frankreich) auch zum politischen Umbruch führten. Diese Gedanken waren von den Herrschenden natürlich nicht wohl gelitten. Andererseits ist es typischer Ausdruck der deutschen Variante der Freiheit, die sich in der Stille, im Privaten abspielte, von niemandem gestört, aber auch von niemandem so recht bemerkt. So kommt es denn auch erst 1848 zu einer bürgerlichen Revolution in Deutschland.
Das Lied bleibt bis in die Gegenwart hinein immer wieder Ausdruck des Freidenkertums (z. B. Interpretation durch den amerikanischen Folksänger Pete Seeger), selbst in einer Zeit, als das deutsche Volkslied in weiten Teilen durch die Geschichte des 20. Jahrhunderts diskreditiert ist.

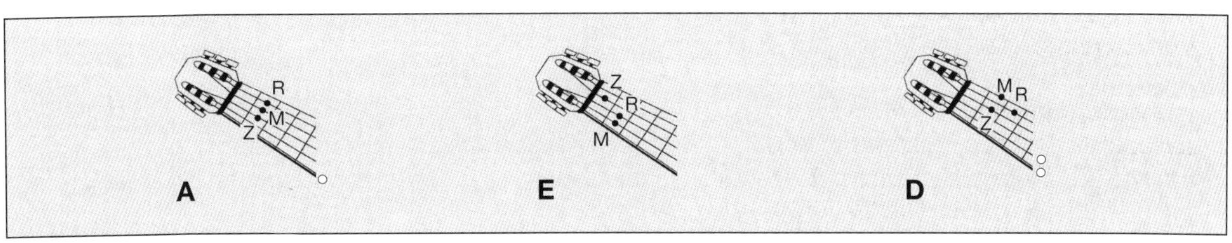

EARTH SONG

I/10 I/6

T & M: Michael Jackson

Michael Jackson

Michael Jackson ist in den 1980er/90er-Jahren unbestritten die dominierende Figur der Popmusik: der King of Pop. In dieser Zeit landet er einen Hit (Thriller u. a.) nach dem anderen und arbeitet mit allen Größen (Steve Wonder, Paul McCartney ...) der damaligen Szene zusammen. Schon als Kind mit den „Jackson 5“ zum Star gemacht, hat er ein untrügliches Gespür für die Musik der Zeit und stilisiert sich selbst zum absoluten Kunstobjekt, bis er Ende der 90er-Jahre den Bogen überspannt und im wahrsten Sinne des Wortes seine Person – durch ständige plastische Operationen – zu zerfallen und sein Stern zu sinken beginnt. Der absolute Tiefpunkt ist die Eröffnung eines Prozesses gegen ihn wegen sexueller Beziehungen zu Jugendlichen auf seiner „Neverland-Ranch“. Juristisch wird er zwar freigesprochen – und seine treuen alten Fans feiern dies unter Jubel vor dem Gerichtsgebäude –, dennoch bleibt er damit eine tragische und sicher auch etwas undurchsichtige Figur in der Popgeschichte. Mit „Earth Song“ gelingt M. Jackson eine der herausragendsten Balladen zum Thema eines bewussten und friedvollen Zusammenlebens.

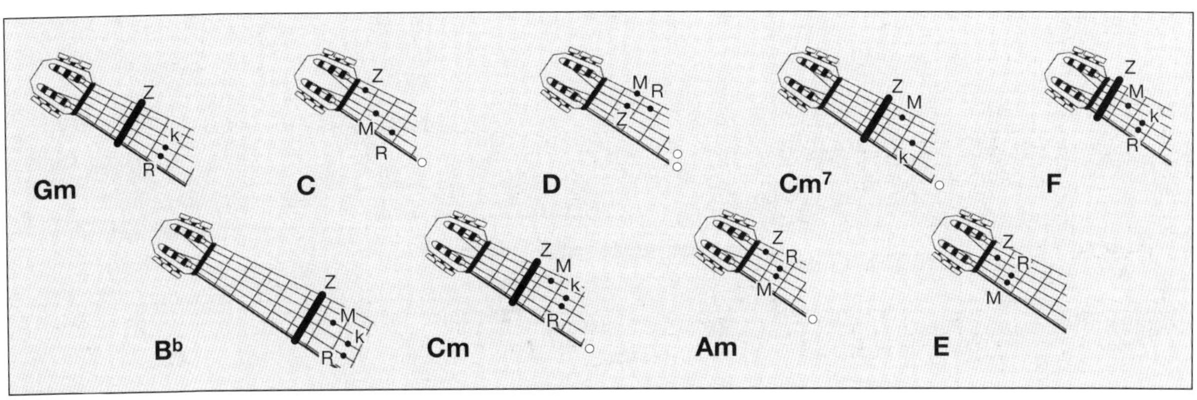

EARTH SONG

T & M: Michael Jackson

1. What about sunrise?
What about rain?
What about all the things
that you said we were to gain?
What about killing fields?
Is there a time?
What abount all the things
that you said was yours and mine?
Did you ever stop to notice
all the blood we‘ve shed before?
Did you ever stop to notice
the crying Earth, the weeping shores?

Refrain
Ah, ah, ooh, ooh. Ah, ah, ooh.

2. What have we done to the world?
Look what we´ve done!
What about all the peace,
that you pledge your only son?
What about flowering fields?
Is there a time?
What about all the dreams
that you said was yours and mine?
Did you ever stop to notice
all the children dead from war?
Did you ever stop to notice
the crying Earth, the weeping shores?

Refrain

Bridge
I used to dream,
I used to glance beyond the stars.
Now I don't know where we are,
although I know we´ve drifted far.

3. Hey, what about yesterday?
(What about us?)
What about the seas?
The heavens are falling down.
I can't even breathe.
What about the bleeding Earth?
Can't we feel It's wounds?
What about nature's worth?
It's our planet's womb.
(What about …)

4. What about animals?
(What about it?)
We´ve turned kingdoms to dust?
(What about us?)
What about elephants?
Have we lost their trust?
What about crying whales?
We're ravaging the seas.
What about forest trails,
(Ooh, ooh)
Burnt despite our pleas?

5. What about the holy land,
(What about It?)
torn apart by greed?
What about the common man,
can‘t we set him free?
What about the children dying?
Can't you hear them cry?

EIN FREUND, EIN GUTER FREUND

I/11

T: Robert Gilbert
M: Werner Richard Heymann

Ein Freund, ein guter Freund

Dieses Lied stammt aus dem ersten in Deutschland gedrehten Tonfilm, dem 1930 entstandenen „Die Drei von der Tankstelle“. Im Film wird das Lied von Heinz Rühmann, Willy Fritsch und Oskar Karlweis gesungen und es wurde ein großer Erfolg. Die Filmmusik komponierte Richard Heymann. Auch von den „Comedian Harmonists“ gibt es eine Interpretation des Titels. Ebenso wie einige Mitglieder dieses weltberühmten Gesangensembles mussten sowohl Karlweis und Heymann als auch der Regisseur des Films, Wilhelm Thiele, Deutschland aufgrund der nationalsozialistischen Politik später verlassen. Der Film wurde von 1937 bis 1945 verboten.
In der Interpretation der „Comedian Harmonists“ ist neben den dominierenden Stimmen und den in typischer Manier ausgesungenen Übergängen mit ansonsten eher unaufdringlicher Klavierbegleitung der hier wiedergegebene Rhythmus zu hören (besonders im Refrain). Markant ausgespielte Achtel als rhythmische Figur in einem zügigen 6/8-Takt bilden an dieser Stelle das beherrschende Begleitmuster. Außerdem gibt es in dieser Interpretation eine zweite Strophe, die im Film nicht vorkommt, hier aber trotzdem abgedruckt wurde.

Klavierbegleitung in der Strophe

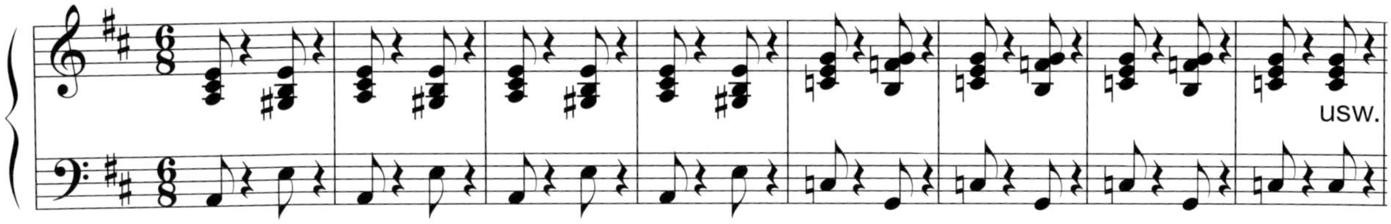

Klavierbegleitung im Refrain

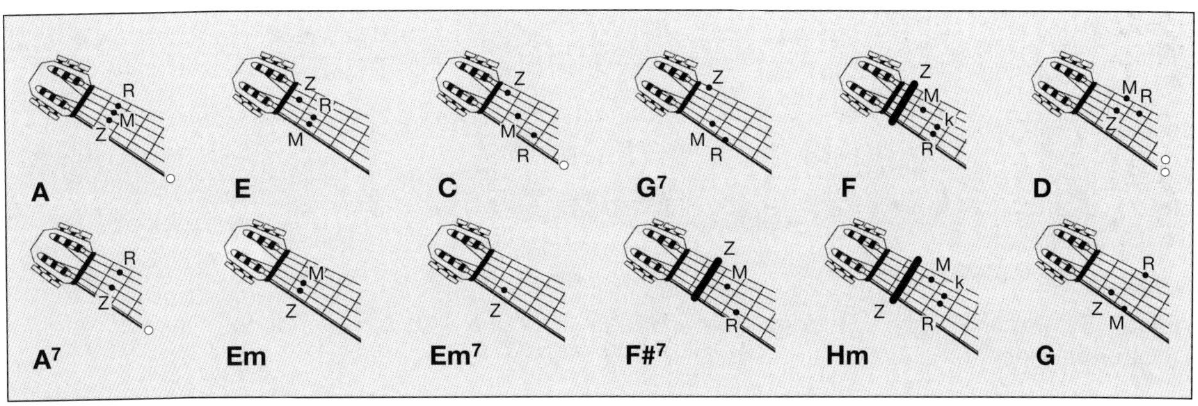

I/12 I/7

ETERNAL FLAME

T & M: Billy Steinberg, Tom Kelly, Susanna Hoffs

Ablauf: Strophe – Strophe – Bridge – Solo – Bridge – Strophe + Schlusswendung – Refrain (1. Strophe) Repeat to Fade

The Bangles

Vier junge Frauen aus Kalifornien, Susanna Hoffs (Gesang, Gitarre), Debbi Peterson (Gesang, Gitarre, Schlagzeug), Vicki Peterson (Gesang, Gitarre) und Michael Steele (Gitarre, Bass) bilden mit „The Bangles“ eine der erfolgreichsten Girl-Groups der 1980er-Jahre. Sie gründen die Band im Jahre 1981 in typischer Beatbandbesetzung. Mit „Eternal Flame“ gelingt Ihnen 1989 eine weltweiter Superhit. Kurze Zeit später trennen sich die vier, um zukünftig eigene Wege zu gehen. Seit 1999 spielen sie jedoch wieder zusammen und sind auch wieder auf Tour. Im Jahr 2000 und 2001 veröffentlichen die Bangles ein Best-Of-Album. Mit der Cover-Version von „Eternal Flame“ verhelfen „Atomic Kitten“ nach der Jahrtausendwende auch den Bangles wieder zu neuer Popularität.

Begleitung

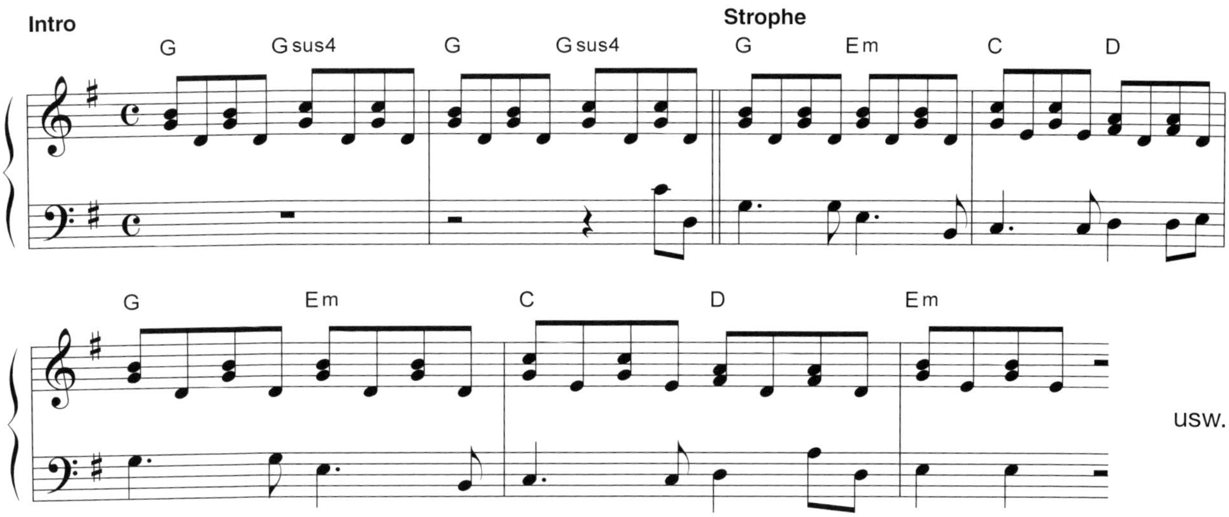

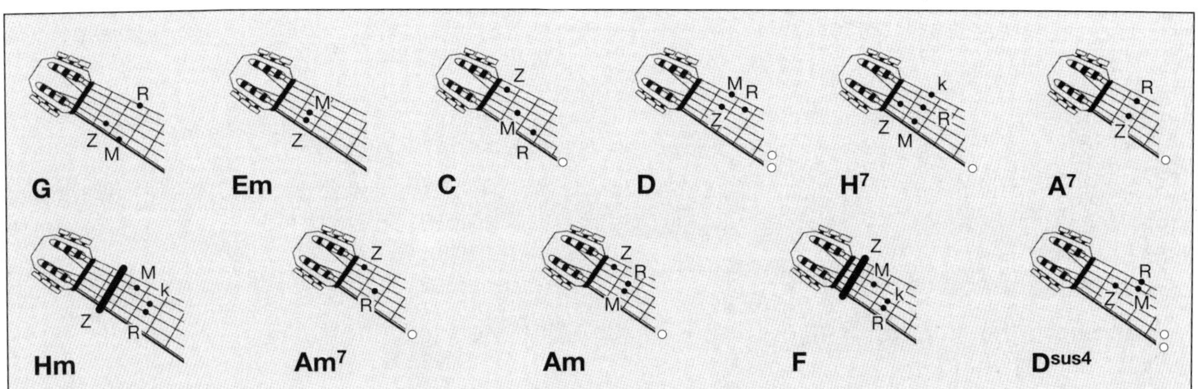

FATHER AND SON

I/13

T & M: Cat Stevens

© Music Sales

Cat Stevens

Cat Stevens wird als Sohn eines griechisch-zypriotischen Vaters und einer Schwedin 1948 in London geboren und ist seit den 1960er-Jahren als Songschreiber aktiv.
Trotz eines Vertrags bei der englischen Schallplattenfirma Decca zu Beginn seiner Karriere bleibt der große Erfolg zunächst aus. Erst Anfang der 70er-Jahre treffen seine vom Sound der akustischen Gitarre oder des Klaviers geprägten Songs den Geschmack breiterer Kreise und ein Erfolgsalbum reiht sich ans andere. Bis heute sind viele seiner Songs Klassiker. Titel wie „Morning Has Broken", „The First Cut Is The Deepest", „Wild World" oder eben „Father And Son" sind längst zu Evergreens geworden. Auch die Songs zum Kultfilm „Harold and Maude" aus dem Jahr 1971 stammen aus seiner Feder.
Auf dem Höhepunkt seiner Karriere wechselt Cat Stevens 1978 zum islamischen Glauben, nennt sich fortan Yussuf Islam und verlässt die Bühne, weil die Popmusik seiner neuen Glaubensauffassung widerspricht.
Auf allgemeines Unverständnis stößt Cat Stevens aufgrund einer Kritik an einem Buch Salman Rushdies. Der ihm unterstellte Mangel an islamkritischer Distanz gerät jedoch wieder in den Hintergrund, als er an einem Konzert zu Gunsten der Opfer und Hinterbliebenen der Attentate vom 11. September 2001 teilnimmt.

Gitarrenintro

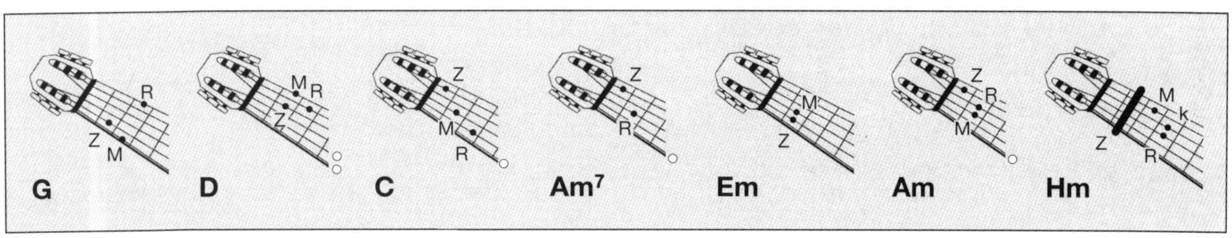

FIELDS OF GOLD

II/1 I/8

T. & M.:
Gordon Matthew Sumner

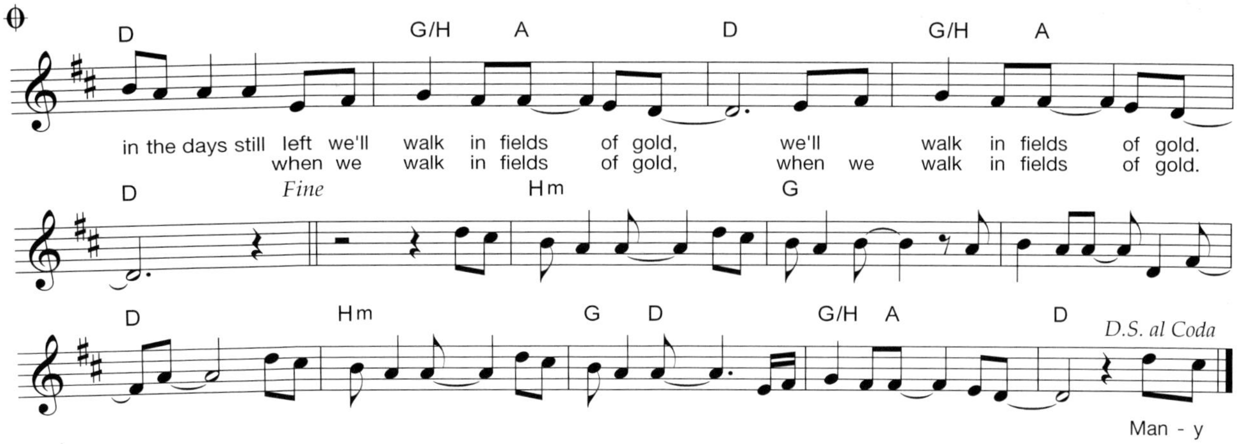

Drumpattern

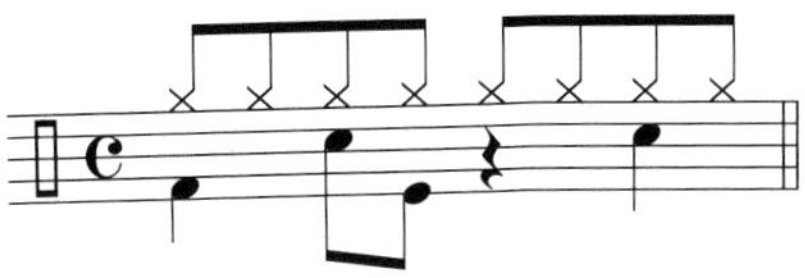

Zwischenspiel (Violine)

Solo

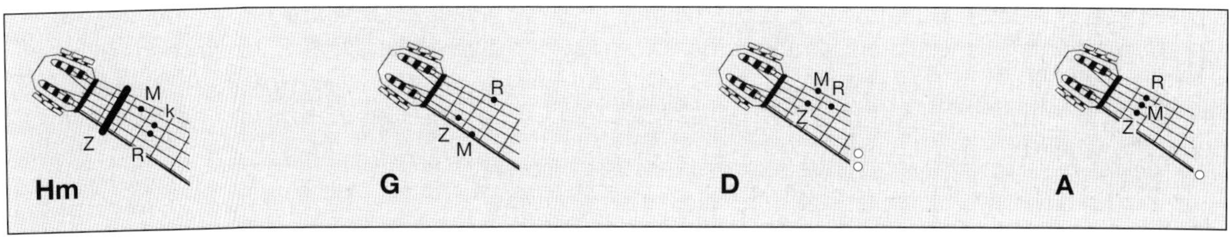

FIELDS OF GOLD

Gordon Sumner alias Sting

Neben seiner seit den 1980er-Jahren andauernden Präsenz in der Popmusik, seinen vielen Millionen verkaufter Alben ist auch sein persönlicher Stil ein guter Grund sich mit ihm und seiner Musik auseinander zu setzen.
Schon zu Beginn seiner Karriere mit „The Police" sind seine Songs eine Mixtur unterschiedlicher Elemente. Und so verlässlich und konstant sich Sting über die letzten 20 Jahre als Hitproduzent mit Niveau zeigt, so außerordentlich wandlungsfähig ist die stilistische Bandbreite seiner Musik. New Wave heißt diese Mischung aus Punk, Ska und Rockelementen, die Ende der 70er- Anfang der 80er-Jahre die Popmusik mit ungewohnten Klängen bereichert und auch der Mode eine neue Note verleiht. Stings Vorliebe für schwarz-gelb gestreifte Pullover bringt ihm noch zu Newcastler Bigbandzeiten den Spitznamen „Sting" (Stachel) ein, der seither für absolute Qualitätsarbeit im Bereich der musikalischen Unterhaltung steht.
Nach einer musikalischen Frühphase als Bassist in Jazz-Fusion-Bands steigt der ehemalige Lehrer seit Mitte der 70er-Jahre – zunächst mit seiner Band „Police" (Steward Copland: Drums, Andy Summers: Git.), später als Solist – zu einem der erfolgreichsten und dauerhaftesten Singer/Songwriter der Rock-Pop-Szene auf, wo er sich nach wie vor hält.
Viele seiner Songs zählen zu den Klassikern der Rockmusik und wurden in unzähligen Coverversionen verarbeitet (Every Breath You Take). Stilistisch spannt sich mittlerweile ein Bogen von frühen Punkeinflüssen bei Police über Passagen à la Bach (Moon Over Bourbon Street) über Jazzelemente, südamerikanische Klänge (They Dance Alone) bis hin zum Country und zu Einflüssen des algerischen Rai auf „Brand New Day". Kaum ein musikalisches Idiom, das Sting nicht irgendwo verarbeitet hat, wobei er es schafft, diese unterschiedlichen Elemente zu einem unverwechselbaren Sound zu verschmelzen: im Zentrum eine ausdrucksstarke Stimme, gestützt von exzellenten Musikern, die auch jede Liveaufnahme zu einem echten Hörerlebnis machen. In diesem Zusammenhang liegt es nur nahe, dass es über die Jahre zu vielen Projekten mit anderen Musikern kommt (u. a. Pavarotti and Friends, Titelsong der „Drei Musketiere"). Inzwischen zählt auch die Mitwirkung in diversen Filmen zu Stings Biografie.
Neben seiner musikalischen Arbeit setzt er sich für den Erhalt des Regenwalds und für Amnesty International ein.

T. & M.:
Gordon Matthew Sumner

FIELDS OF GOLD

You'll remember me when the west wind moves
upon the fields of barley.
You'll forget the sun in his jealous sky
as we walk in fields of gold.

So she took her love
for to gaze awhile
upon the fields of barley.
In his arms she fell as her hair came down
among the fields of gold.
Will you stay with me, will you be my love
among the fields of barley.
We'll forget the sun in his jealous sky
as we lie in fields of gold.

See the west wind move like a lover so
upon the fields of barley.
Feel her body rise when you kiss her mouth
among the fields of gold.

I never made promises lightly,
and there have been some that I've broken,
but I swear in the days still left
we'll walk in fields of gold,
we'll walk in fields of gold.

Many years have passed since those summer days
among the fields of barley.
See the children run as the sun goes down
among the fields of gold.
You'll remember me when the west wind moves
upon the fields of barley.
You can tell the sun in his jealous sky
when we walked in fields of gold,
when we walked in fields of gold,
when we walked in fields of gold.

FREE FALLIN'

II/2

T & M: Tom Petty, Jeff Lynne

Tom Petty and The Heartbreakers

Als Tom Petty 1976 die Band „The Heartbreakers“ in Los Angeles gründet, hat er bereits einige Erfahrung im Musikbusiness und verhandelt schon längere Zeit über einen Solovertrag. Am 20. Oktober 1953 in Gainesville (Florida) geboren, verlässt er mit 17 die Schule und versucht sein Glück als Musiker. Für den endgültigen Durchbruch muss er allerdings auch noch den Umweg über Europa nehmen, wo er zunächst mehr Erfolg hat als in den USA. Im Laufe der Zeit setzt er sich aber mit seiner Mischung aus Singer/Songwriter-Elementen, Psychedelicrock, Country und Rock‘n‘Roll durch. Nach wie vor produziert er Platten, wenn auch in eher lockerer Folge.

Begleitung

F

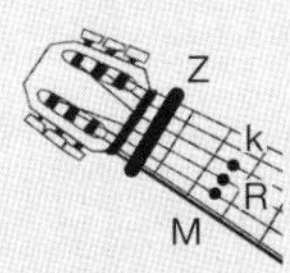

Fsus4

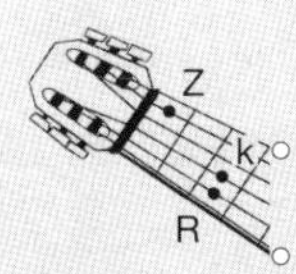

Csus4

GEH DAVON AUS

II/3 I/9

T.: Xavier Naidoo
M.: Xavier Naidoo, Michael Herberger

Em C
Un - ter - schied, kaum ein Un - ter - schied. Ich halt mich nur warm, da - mit ich nicht frier.
D Em Em Strophe C
Halt mich nur warm, da - mit ich nicht frier. 3. Was wir brau-chen, ist nicht Zeit, son-dern
D Em
Lie - be. Es wä - re hart für mich, wenn ich nicht mei - ne Lie - der
C D
schrie - be. Doch ich schreib sie für dich und ich schreib sie für mich. Al - les, was ich brau -
Em C
che, ist ein we - nig Licht. Al - so hin - de - re mich nicht,
D Em D.S. al Fine
be - vor mei - ne See - le nicht mehr schwebt.

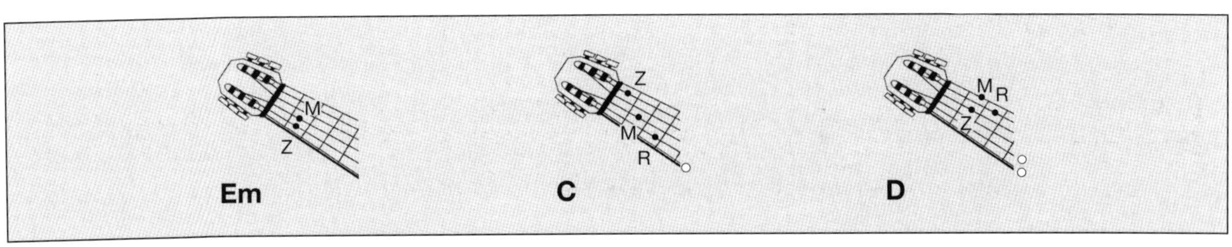
M
Z
Em
Z
M
R
C
M R
Z
D

GEH DAVON AUS

T.: Xavier Naidoo
M.: Xavier Naidoo,
Michael Herberger

Xavier Naidoo und die „Söhne Mannheims“

Xavier Naidoo wird am 2. Oktober 1971 als Sohn einer Südafrikanerin und eines Vaters mit indischen Vorfahren in Mannheim geboren. Er singt dort in Schul- und Kirchenchören. Nach der Mittleren Reife beginnt er zunächst eine Kochlehre. 1992 bricht er die Lehre jedoch ab und geht in die USA, um eine Platte zu produzieren. Diese ersten Erfahrungen mit dem Musikbusiness sind jedoch wenig erfolgreich. Er kehrt zurück nach Mannheim, singt in Musicals und jobbt als Türsteher in einem dortigen Milk!-Club, einem Zentrum der deutschen Drum ‘n‘ Bass-Szene. Als musikalische Vorbilder nennt er vor allem Herbert Grönemeyer. Schließlich kommt er zum „Rödelheim Hartheim Projekt“ der Frankfurter Produzenten Moses Pelham und Thomas Hofmann, die ihn für ihr Label „3p“ als Solostar aufbauen. Im Juli 1998 erscheint sein Debüt-Album. Sowohl das Album als auch die Singleauskopplungen werden zu Hits. „Sie sieht mich nicht“ erhält als Soundtrack zum Film „Asterix gegen Caesar“ zusätzliche Popularität.
Die Texte Xavier Naidoos sind deutlich durch religiöse Bekenntnisse geprägt.

Die „Söhne Mannheims“ sind in erster Linie eine Live-Band, die sich seit 1996 um Xavier Naidoo und einige seiner Freunde gruppiert. Die Zahl der Mitglieder differiert. So sind gelegentlich sechs Sänger, zwei Gitarristen, zwei Keyboarder und zwei Schlagzeuger am Projekt beteiligt. Musikalischer Leiter ist der Biologe und Keyboarder Michael Herberger (ebenfalls Jahrgang 1971). Seit 1996 leitet er Musicalprojekte und produziert zusammen mit Xavier Naidoo das Album „Zion“.

II/4

GO WEST

T.: Edvard Willis
M.: Jacques Morali

Pet Shop Boys

Anfang der 1980er-Jahre gründet der englische Musikredakteur Neil Tennant zusammen mit Chris Lowe das Popduo „Pet Shop Boys“ und produziert in den Folgejahren sehr erfolgreich hittauglichen Dance-Pop. Zwar bleibt das Duo in den 90ern etwas hinter seinem Erfolg früherer Jahre zurück, ist aber – nicht zuletzt aufgrund des Dauerbrenners „Go West“ – im Popbusiness aktiv. Immerhin erscheint 2003 neben einem Best-Of-Album auch eines mit neuen und neu aufbereiteten Songs.

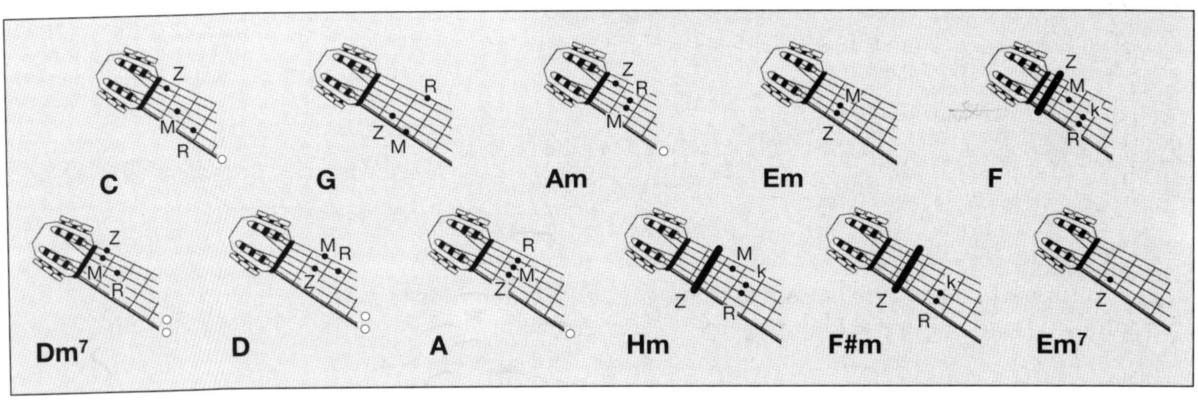

GOLDENER REITER

II/5

T & M: Joachim Witt

Ablauf: Strophe 1 – Strophe 2 – Refrain – Strophe 3 – Refrain – Refrain (instrumental) – Refrain – Strophe 4 – Refrain (Repeat to Fade)

Joachim Witt

Als Anfang der 1980er-Jahre die „Neue Deutsche Welle“ in Westdeutschland außerordentlich (und teilweise auch international) erfolgreich ist, ist Joachim Witts „Goldener Reiter“ ganz oben dabei. Mit deutschen Texten und einem teilweise sehr technisch orientierten Sound, wird eine Musik kreiert, die sich merklich vom internationalen Pop abhebt und dennoch charttauglich ist. Die Musikbranche schafft es allerdings nicht, einen dauerhaft eigenständigen Stil daraus zu entwickeln. Doch einige Namen sind geblieben: Joachim Witt, Falco und Nena.

Zwischenspiel 1

Figur in den Strophen

Zwischenspiel 2

Figur im Refrain

Drumpattern

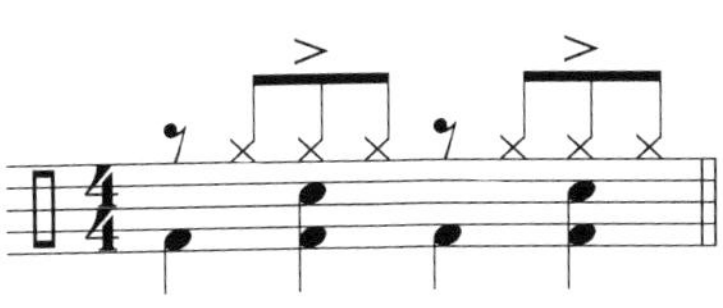

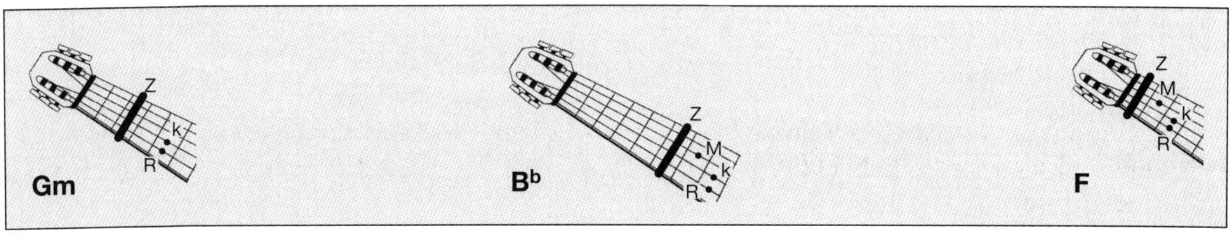

GREENSLEVES

T & M: Traditionell

Gitarrenbegleitung

Greensleeves

Mit Greensleeves haben wir wohl eine der populärsten Melodien der Musikgeschichte überhaupt vorliegen. Sie stammt aus der Feder eines unbekannten Autors (vermutlich mehrer Autoren), war bereits im 16. Jahrhundert weit verbreitet und erschien 1580 erstmals im Druck. Bis heute wird gemutmaßt, dass König Heinrich der VIII möglicherweise Strophen zu diesem Lied verfasst hat. Einen Beleg dafür gibt es bis jetzt nicht. Aus der Vielzahl der Strophen, die über die Jahrhunderte entstanden sind, sind hier nur einige angeführt. William Shakespeare erwähnt in „Die lustigen Weiber von Windsor“ (1600) zweimal ein Lied, das von einer enttäuschten Liebe zu einer Frau mit grünen Ärmeln erzählt.
Der Verleger John Playford nimmt das Lied 1665 in seine Tanzsammlung „The English Dancing Master“ auf. Das Lied erscheint hier in der wohl gebräuchlichsten Variante und unten in der von Playford notierten „Urfassung“.

Alas, my love, you do me wrong,
to cast me off discourteously.
For I have loved you well and long,
delighting in your company.

Your vows you‘ve broken, like my heart,
oh, why did you so enrapture me?
Now I remain in a world apart
but my heart remains in captivity.

I have been ready at your hand,
to grant whatever you would crave,
I have both wagered life and land,
your love and good will for to have.

If you intend thus to disdain,
it does the more enrapture me,
and even so, I still remain
a lover in captivity.

My men were clothed all in green,
and they did ever wait on thee;
all this was gallant to be seen,
and yet thou wouldst not love me.

Urfassung „John Playford“

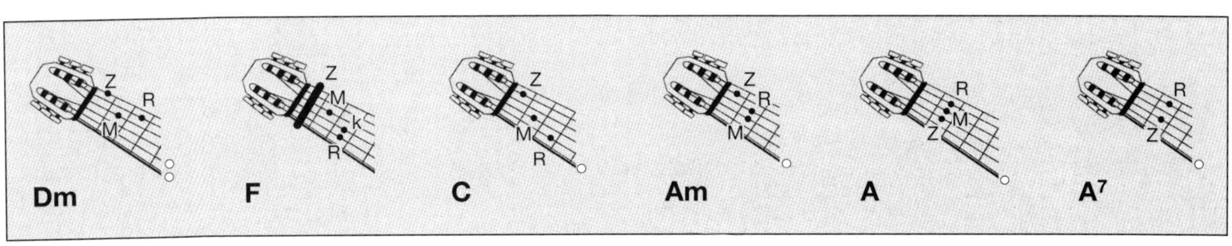

HAVE YOU EVER SEEN THE RAIN

T & M: John Fogerty

Creedence Clearwater Revival (CCR)

CCR sind Ende der 1960er- bis Anfang der 70er-Jahre mit ihrem Mix aus eingängigem Blues, Rock und einem Hauch Country-Sound eine der erfolgreichsten Popbands überhaupt. Erste Anfänge macht die Band als Tom Fogerty, der Bruder des späteren Sängers und Songschreibers John Fogerty, 1958 in Kalifornien in die Band „The Playboys" einstieg und wenig später mit John die Formation „Tom Fogerty And The Blue Velvets" gründet. Als John 1967 seinen Militärdienst beendet hat und zur Leitfigur der Gruppe wird, beginnt auch der Erfolg unter dem Namen CCR (mit Stu Cook, Bass und Doug Clifford, Schlagzeug). Von Anfang an sind ihre Songs auf Eingängigkeit konzipiert, was durch das Publikum auch entsprechend honoriert wird. Allerdings steigt Tom Fogerty bereits 1971 aus und widmet sich Soloprojekten, der Rest spielt als Trio weiter. Tom Fogerty stirbt 1990 im Alter von 48 Jahren an Aids.

Diskografie

1970	Pendulum
1970	Cosmo's Factury
1972	20 Superhits
1972	Creedence Gold
1972	Mardi Gras
1973	Live In Europe
1973	More Creedence Gold
1976	Chronicle
1976	The Golliwogs
1980	Live – The Concert
1985	The Creedence Collection

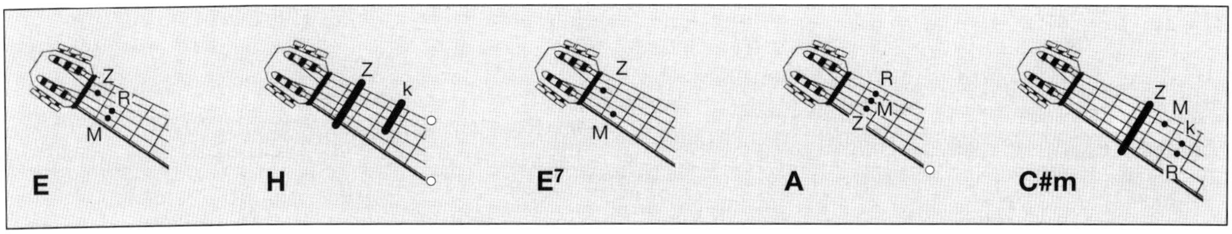

HEY JUDE

T & M: John Lennon,
Paul McCartney

The Beatles

John Lennon (1940–1980), Paul McCartney (geb.1942), Ringo Starr (geb. 1940), George Harrison (1943–2001) bilden die überragende Popband der 1960er-Jahre.
In ihrer Anfangsphase, den späten 50ern und frühen 60ern in Liverpool und Hamburg, ahnt noch niemand, dass dieses Quartett innerhalb von knapp zehn Jahren die Popmusik revolutionieren wird. Nicht nur, dass sie bei ihrer endgültigen Trennung ein Heer trauernder Fans hinterlassen, die – zumindest bis zum gewaltsamen Tod von John Lennon 1980 in New York – immer wieder hoffen, dass die „Fab Four" wieder zusammen spielen. Die Beatles haben die Popmusik auch salonfähig gemacht, die Fachwelt überzeugt und 1965 den Orden „Member of the British Empire" von der Queen erhalten. Es gibt kaum ein Klangexperiment oder eine Anlehnung an andere Stilrichtungen, die sie nicht ausprobiert hätten. Ihre Musik steht gleichermaßen für eingängige Melodien wie für Experimentierfreudigkeit. Sie schaffen es im Laufe ihres Bestehens, die Pop-Rockmusik in vielen Bevölkerungsschichten zu etablieren. Ist die Arbeit der frühen Jahre vom mehrstimmigen Gesang geprägt, gepaart mit einer großen Bühnenpräsenz, so führen die ausgereiften Arrangements der späteren Jahre dazu, dass die Gruppe nur noch im Studio produziert und seit 1966 nicht mehr öffentlich auftritt.
Kaum eine andere Band hat eine Zeit musikalisch so stark geprägt wie die Beatles die 1960er-Jahre. Es ist die Zeit der Veränderungen, der Experimente, der Hippies, Studentenrevolten und Anti-Vietnamdemonstrationen – und die Beatles schreiben den „Soundtrack" dazu.

Begleitung

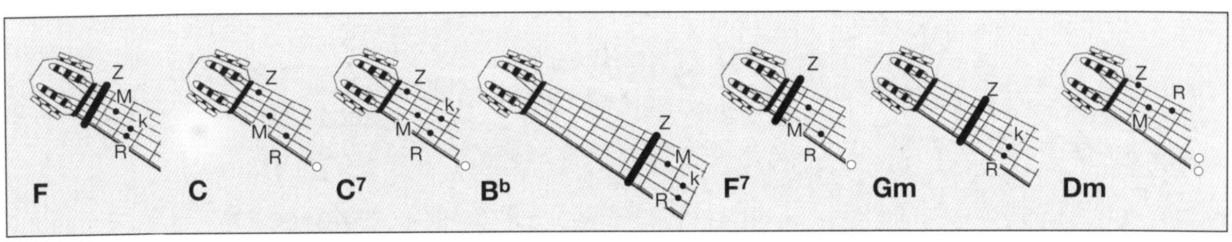

HOTEL CALIFORNIA

II/6

T & M: Don Felder, Don Henley, Glenn Frey

Ablauf: Intro – Strophe 1 – Refrain – Strophe 2 – Refrain – Strophe 3 – Instrumental

1. On a dark desert highway, cool wind in my hair.
Warm smell of colitas rising up through the air.
Up ahead in the distance, I saw a shimmering light.
My head grew heavy and my sight grew dim.
I had to stop for the night,
there she stood in the doorway, I heard the mission bell.
And I was thinking to myself,
„this could be heaven or this coud be Hell."
Then she lit up a candle and she showed me the way.
There were voices down the corridor,
I thought I heard them say ...

Refrain
Welcome to the Hotel California,
such a lovely place (such a lovely face).
Plenty of room at the Hotel California
any time of year, you can find it here.

2. Her mind is Tiffany-twisted, she got the Mercedes Benz.
She got a lot pretty, pretty boys she calls friends.
How they dance in the courtyard,
sweet summer sweat.
Some dance to remember, some dance to forget.
So I called up the captain,
„Please bring me my wine."
He said, „We haven't had that spirit here since
nineteen sixty nine."
And still those voices are calling from far away,
wake you up in the middle of the night,
just to hear them say ...

Refrain
Welcome to the Hotel California,
such a lovely place (such a lovely face).
They're livin' it up at the Hotel California,
what a nice surprise (what a nice surprise),
bring your alibies.

3. Mirrors on the ceiling, the pink champagne on ice
And she said „We are all just prisoners here,
of our own device"
And the masters chambers,
they gathert for the feast
They stab it with their steely knives,
but they just can't kill the beast
Last thing I remember, I was running for the door
I had to find the passage back to the place
I was before
„Relax", said the night man,
„we're programmed to receive.
You can check out any time you like,
but you can never leave."

The Eagles

Mit einer Mischung aus Country und Rock sind die Eagles eine der ganz großen Bands der 1970er-Jahre, deren Hit „Hotel California" auch über die Jahre ein Dauerbrenner bleibt. In einem ausgefeilten Arrangement mit Reggaeelementen unterlegt wird die Geschichte einer nächtlichen Odyssee durch ein Hotel voller skurriler Typen erzählt, in das man zwar ein-, aber nicht mehr auschecken kann.

Gitarren-Intro

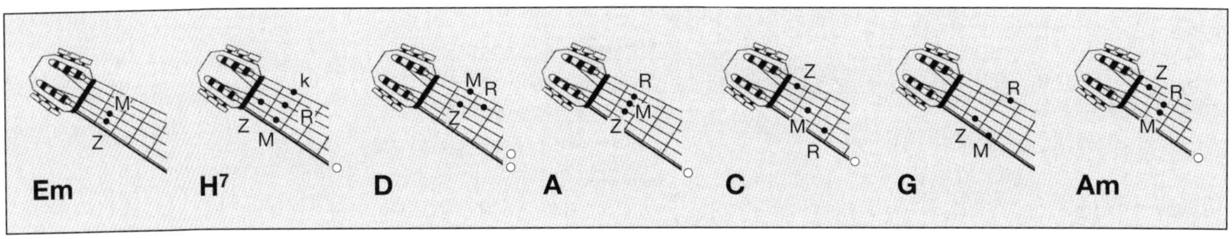

HYMN

II/7 I/10

T & M: John Lees

1. Valley's deep and the mountain's so high
if you want to see God you've got to move on
the other side.
You stand up there
with your head in the clouds
don't try to fly you know
you might not come down.
Don't try to fly, dear God,
you might not come down.

2. Jesus came down from Heaven to earth
the people said it was a virgin birth.
Jesus came down from Heaven to earth
the people said it was a virgin birth.

3. He told great stories of the Lord
and said he was the saviour of us all.
He told great stories of the Lord
and said he was the saviour of us all.
For this they/we killed him, nailed him up high
he rose again as if to ask us why.
Then he ascended into the sky
as if to say in God alone you soar,
as if to say in God alone we fly.

4. Valley's deep and the mountain's so high
if you wanna see God
you've got to move on the other side.
You stand up there
with your head in the clouds
don't try to fly you know
you might not come down.
don't try to fly, dear God,
you might not come down.

Barclay James Harvest

1966 gründen John Lees, Stuart „Woolly" Wolstenholme, Les Holroyd und Mel Pritchard in Nordwest-England die Band „The Blues Keepers". Im Sommer 1967 suchen sie sich einen neuen Namen aus: Barclay James Harvest (BJH) war geboren. Ihre erste Single „Early Morning" bescherte ihnen 1968 erste Anerkennung.
Von Anfang an experimentierten BJH mit neuen Instrumentierungen. Sie benutzten Holzbläser, Streicher und Blechbläser. Schließlich erwerben sie ein Mellotron, um den Sound eines Orchesters nachzuahmen.
Ab 1974 veröffentlicht BJH bei Polydor und erlangt in den folgenden Jahren mit Alben wie „Barclay Harvest Live" und „Octoberon" immer größeren Erfolg. Auch in den 1990er-Jahren zeichnet sich die Musik von BJH durch ihre Kombination von anspruchsvoller Harmonik und melodischem Rock aus. 1998 lässt die Band verlauten, dass eine Pause eingelegt werden solle und dass die Mitglieder Soloprojekte verfolgen.

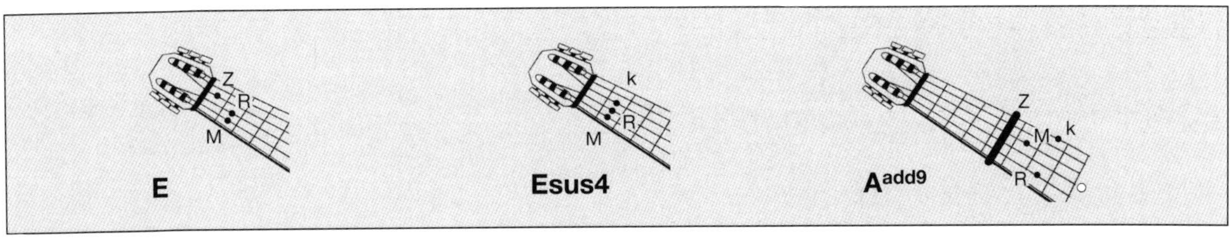

ICH BRECH DIE HERZEN DER STOLZESTEN FRAUN

II/8

T: Bruno Balz
M: Lothar Brühne

Heinz Rühmann

Mit ironisch-verschmitztem Lächeln und seinem unvergleichlich schnoddrigen Tonfall singt Heinz Rühmann dieses Lied in dem 1938 gedrehten Film „5 Millionen suchen einen Erben“. Der 1902 in Essen geborene Rühmann spielt in diesem Film eine Doppelrolle. Als Staubsaugervertreter und Steptänzer soll er ein Erbe unter der Bedingung antreten, dass er eine glückliche Ehe führt, dies bringt der Vetter Patrick, sein Doppelgänger, in Erfahrung. Obwohl kein großes Stimmtalent, sind die Liedinterpretationen aus seinen Filmen legendär. Eine Neuaufnahme des Titels „LaLeLu“ kommt im Jahr 1993 unter die Top 10. 1994 stirbt Heinz Rühmann in seinem Haus am Starnberger See.

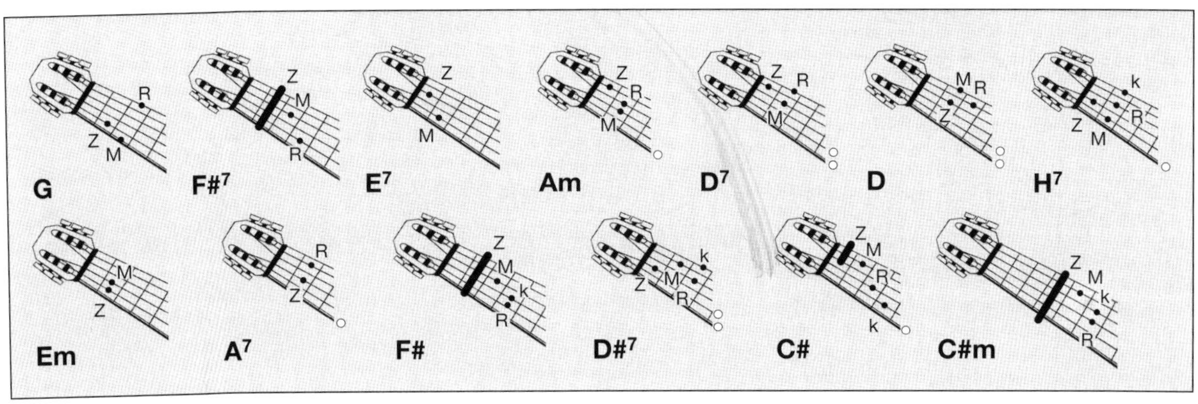

IMAGINE

II/9

T & M: John Lennon

John Lennon

John Lennon (Jahrgang 1940) ist bis zu ihrer Auflösung im Jahr 1970 einer der führenden Köpfe des legendären Popquartetts „The Beatles“. Zusammen mit Paul McCartney schreibt er die meisten Songs und ist auch deren Leadsänger. Als Songschreiber-Duo Lennon/McCartney haben die beiden seit den frühen 60er-Jahren des 20. Jahrhunderts Popgeschichte geschrieben.
Mit den folgenden Worten aus dem Jahre 1966 versucht sich John Lennon einmal mehr als Prophet: „Das Christentum wird verschwinden. Darüber brauche ich nichts zu sagen. Ich habe Recht und es wir sich zeigen, dass ich Recht habe. Im Moment sind wir beliebter als Jesus Christus.“
Auch wenn John Lennons provokante Worte sich bisher nicht bewahrheit haben und zurzeit alles darauf hindeutet, dass es auch in absehbarer Zeit nicht der Fall sein wird, so drücken sie doch eines aus: Die Pop-, Glitzer- und Konsumwelt hat sich – zumindest für einen Teil der Jugend – zu einer Art Ersatzreligion entwickelt.
Ohnehin stehen Lennons öffentliche Auftritte in der Nachbeatleszeit eher im Zeichen des Protestes und Aufbegehrens als für musikalische Ereignisse. Nach der Hochzeit mit der Künstlerin Yoko Ono 1969 werden die Flitterwochen vom Paar als „Bed-in“ und Engagement für den Weltfrieden zelebriert. Das Lied der „Plastic Ono Band“ „Give Peace A Chance” von 1969 wird zur Hymne der Friedensbewegung, markiert aber gleichzeitig den Bruch mit den Beatles, auch wenn es zur offiziellen Trennung erst einige Zeit später kommt. „Imagine“ zählt zu den letzten großen Hippie-Balladen und hat sich zu einem Klassiker entwickelt, der heute auch gerne als musikalischer Background für Werbespots missbraucht wird. Nach der Trennung von den Beatles und einigen Soloproduktionen lebt John Lennon relativ zurückgezogen in New York, wo er 1980 von einem fanatischen Fan vor seinem Hotel erschossen wird.

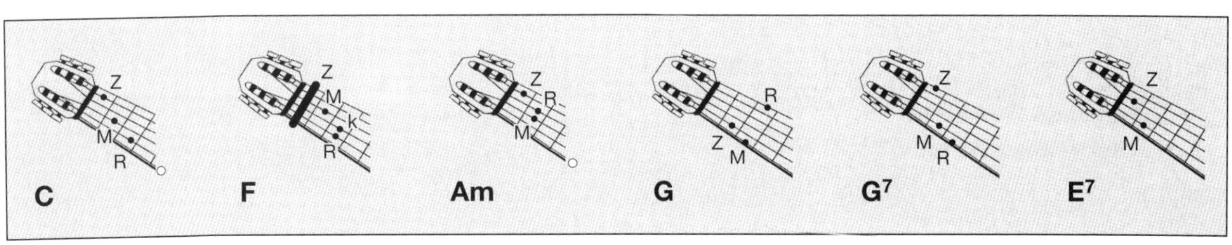

IMAGINE

T & M: John Lennon

Die Begleitung auf dem Klavier ist geprägt durch eine auch für Beatles-Balladen (Let It Be) typische Akkordspielweise in Vierteln in der rechten Hand und einer ständigen Offbeat-Bewegung im oktavierten Bass. In einem Film über die Studioarbeit John Lennons ist zu sehen, wie John Lennon seinen Mitmusikern ein in der Ecke des Raumes stehendes Klavier für dieses Stück vorschlägt, da es seiner Ansicht nach aufgrund seines (auch leicht verstimmten) Klanges am besten zum Stück passt.

Klavierbegleitung

Drumpattern

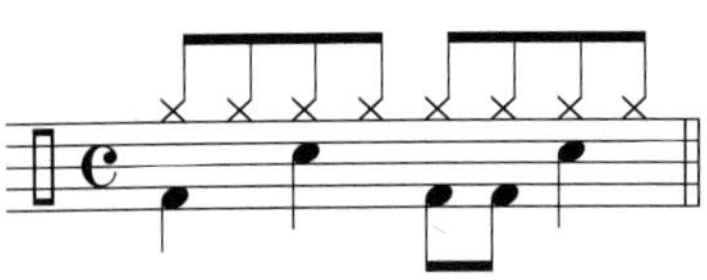

Deutscher nicht singbarer Text

Stell dir vor

Stell dir vor, es gäb keinen Himmel,
es ist leichter, als du denkst.
Auch keine Hölle unter uns,
und über uns nur das All.
Stell dir all die Menschen vor,
die nur im Hier und Jetzt leben.

Stell dir vor, es gäb keine Länder,
es ist gar nicht so schwer,
nichts wofür es sich zu sterben lohnte,
auch nicht für die Religion.
Stell dir all die Menschen vor,
die ihr Leben in Frieden leben würden.

Du magst sagen, ich sei ein Träumer,
aber ich bin nicht der einzige.
Ich hoffe, dass du eines Tages
dabei sein wirst,
und die Welt ist dann eins.

Stell dir vor, es gäb keinen Besitz,
ich bin gespannt, ob du das kannst.
Kein Bedürfnis für Gier oder Hunger,
eine Bruderschaft der Menschen.
Stell dir all die Menschen vor,
die sich die Erde teilen.

Du magst sagen, ich sei ein Träumer,
aber ich bin nicht der einzige.
Ich hoffe, dass du eines Tages
dabei sein wirst,
und die Welt ist dann eins.

IRGENDWIE, IRGENDWO, IRGENDWANN

II/10

T: Carlo Karges
M: Jörn-Uwe Fahrenkrog-Petersen

Akkorde in Klammern = Absolute Beginner

Nena/Absolute Beginner

Sie ist die Galionsfigur der „Neuen Deutschen Welle“ und gehört zu den Topstars der 1980er-Jahre. Obwohl ihre Musik in Deutschland vornehmlich junge Teenies anspricht, wird Nenas „99 Luftballons“ auch in Japan und den USA sehr erfolgreich, wo der Song Platz Eins der Charts belegen kann. Nachdem es etliche Jahre still um Nena wird, in denen sie musikalisch immer aktiv bleibt und u. a. mehrere Alben mit Kinderliedern veröffentlicht, erscheinen Mitte der 90er-Jahre die ersten Coverversionen ihrer alten Songs. Und spätestens, seit sich Ende 1999 die Hamburger Hip-Hop-Gruppe „Absolute Beginner“ ihres Songs „Irgendwie , irgendwo, irgendwann“ angenommen hat, ist sie wieder da und hat generationsübergreifenden Erfolg. Im Jahr 2003 nimmt sie den Song im Duett mit Kim Wild („Anyplace, Anywhere, Anytime“) erneut auf. Anfang desselben Jahres hat sie bereits den „Echo“ als beste Künstlerin Pop/national erhalten.
„Absolute Beginner“ machen aus dem – bereits im Original angelegten – Backbeat einen Reggae mit markantem Bläsersatz.

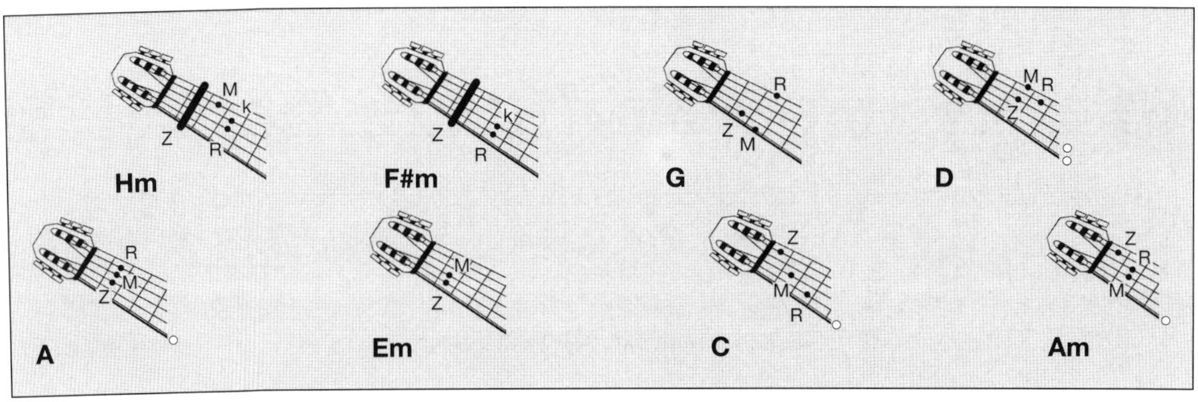

IRGENDWIE, IRGENDWO, IRGENDWANN

T: Carlo Karges
M: Jörn-Uwe
Fahrenkrog-Petersen

Intro (Bläser in C)

Reggae-Begleitung

„Absolute Beginner“ haben das Stück mit einem Reggaerhythmus unterlegt und das Intro mit einem Bläsersatz versehen. Außerdem wurde der harmonische Verlauf durch Vereinfachung der Akkorde verändert, wodurch das Stück noch eingängiger wirkt und auch leichter spielbar ist. Zusätzlich wurde ein Rapteil eingefügt.

Irgendwie, irgendwo, irgendwann

T: Carlo Karges
M: Jörn-Uwe Fahrenkrog-Petersen

Im Sturz durch Raum und Zeit
Richtung Unendlichkeit,
fliegen Motten in das Licht
genau wie du und ich.

Irgendwie fängt irgendwann
irgendwo die Zukunft an,
ich warte nicht mehr lang.
Liebe wird aus Mut gemacht,
denk nicht länger nach,
wir fahrn auf Feuerrädern
Richtung Zukunft in die Nacht.

Gib mir die Hand,
ich bau dir ein Schloss aus Sand,
irgendwie, irgendwo, irgendwann.
Die Zeit ist reif für ein bisschen Zärtlichkeit,
irgendwie, irgendwo, irgendwann.

Im Sturz durch Zeit und Raum,
erwacht aus einem Traum.
Nur ein kurzer Augenblick,
dann kehrt die Nacht zurück.

Rap:

Ich brauch Zweisamkeit wie ein Raider,
darum scheiß ich auf Tränen und Claydermann.
Dann wird für den, der mit Duden feilscht,
das Leben zart wie Putenfleisch.
Denn dann ist Schluss mit Einsamkeit,
weil dann hat nie keiner Zeit.
Dann ist mir nix mit allein zu zweit.
Kommt nach`m Job die Feinarbeit.
Lobbies gibt es viele, für das Hobby namens Liebe.
Und ein Leben ist Zeit.
Warten auf die Gelegenheit wie Diebe.
Irgendwann ist sie da, irgendwo find ich sie bestimmt.
Und die hat´s dann in sich, und zwar doppelt mit ‘nem Kind.

IRONIC

II/11 I/11

T & M: Alanis Morissette, Glen Ballard

2 Mr. Play It Safe was afraid to fly.
He packed his suitcase and kissed his kids goodbye.
He waited his whole damn life to take that flight.
And as the plane crashed down he thought
„Well isn´t this nice …“
And isn´t it ironic … don´t you think.

3 A traffic jam when you´re already late,
a no-smoking sign on your cigarette break,
it´s like ten thousand spoons when all you need is a knife,
it´s meeting a man of my dreams
and then meeting his beautiful wife.
And isn´t it ironic … don´t you think?
A little too ironic … and yeah I really do think …

Alanis Morissette

Alanis Morissette (Jahrgang 1974) ist in ihrer Heimat Kanada schon über Jahre ein Teenager-Star, bevor sie 1995 mit „Jagged Little Pill“ (insbesondere mit dem Song „Ironic“) in den USA und weltweit die Hitlisten stürmt. Zunächst wirkt sie in TV-Produktionen und Kindershows mit. Doch schon mit neun Jahren hat sie begonnen Songs zu schreiben. Ihre erste Single finanziert sie aus eigener Tasche, was ihr mit 14 einen Vertrag bei einer großen Plattenfirma einbringt, wo sie 1991 ihr erstes Album („Alanis“) veröffentlicht, 1992 folgt „Now Is The Time“. Für beide eher poporientierte Produktionen bleibt die internationale Anerkennung trotz großer nationaler Erfolge jedoch aus. Erst das dritte, in Los Angeles entstandene Album, bringt den ganz großen Durchbruch, interessanterweise mit einem raueren, nicht von Drum-Maschinen und Sequenzern, sondern von richtigen Musikern geprägten Sound. Sie selbst charakterisiert dieses Album als gehaltvoller und erwachsener, aber auch bitterer.
So beschreibt „Ironic“ die Ironie des Schicksals, sinniert über die kleinen und großen Unfälle des alltäglichen Lebens, berichtet von einem 98-jährigen Lottogewinner, der einen Tag später stirbt, aber auch vom Regen am Hochzeitstag oder dem Stau, der einen aufhält, wenn man ohnehin zu spät dran ist ...

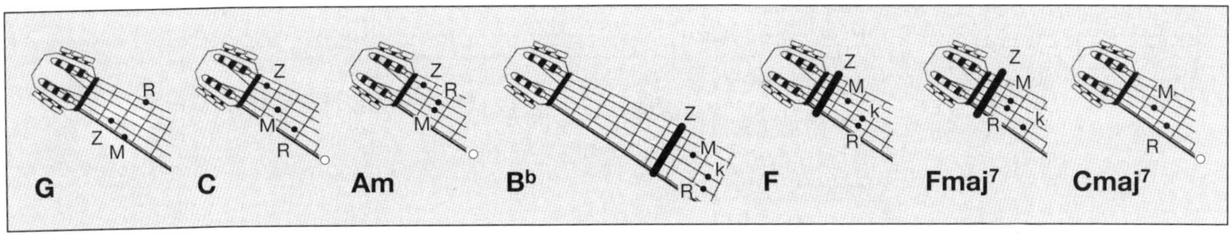

I STILL HAVEN'T FOUND WHAT I'M LOOKING FOR

II/12 I/12

T & M: Bono, The Edge, Adam Clayton, Larry Mullen Jr.

Original in Des-Dur

U 2

Bereits 1976 gründet Larry Mullen (dr) zusammen mit David „The Edge“ Evans (g), Adam Clayton (b) und Sänger Paul „Bono“ Hewson an einer Dubliner Highschool eine Rockband. Nach mehrjähriger Ochsentour liefern sie schließlich das Debütalbum „The Boy“ ab und erspielen sich im Laufe der 1980er-Jahre langsam eine immer größere Fangemeinde. Den ersten europaweiten Single-Hit haben die Iren mit „Sunday Bloody Sunday“. Danach sind sie bei vielen großen Benefizkonzerten dabei und füllen bis in die 90er-Jahre hinein ganze Stadien. Sie arbeiten mit Größen aus den frühen Jahren der Rock- und Popmusik wie B. B. King, Tina Turner, Frank Sinatra, Roy Orbison und Johnny Cash zusammen. Sänger Bono engagiert sich stark für soziale Projekte und hat sich in den letzten Jahren mit Politikern und Personen der Weltgeschichte wie Kofi Annan, Papst Johannes Paul II oder Bill Clinton getroffen.

D

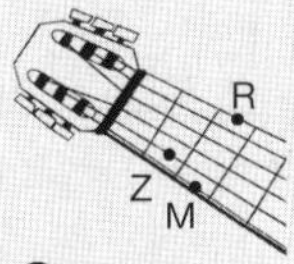

G

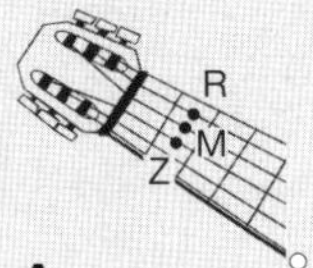

A

I WILL SURVIVE

II/13 I/13

T. & M.: Dino Fekaris, Freddie Perren

Gloria Gaynor

Gloria Gaynor, geb. am 7.9.1949 als Gloria Fowles, ist die Disco-Queen der 1970er- und 80er-Jahre. Ihre Karriere beginnt in den 60er-Jahren mit der Rythm-and-Blues-Band „Soul Satifiers". Ihre wohl größten Hits „Never Can Say Goodbey" und „I Will Survive" stammen aus den Jahren 1976 und 1979.
Die Strophe verarbeitet Robbie Williams in seinem Stück „Supreme" aus dem Jahr 2000. Allerdings erscheint hier ein völlig neuer Text, der aber ähnlich endet mit „You will survive, you must survive". Neben den beiden Autoren für Supreme, Robbie Williams und Guy Chambers, sind die beiden Autoren des Gloria Gaynor-Titels ebenfalls als Urheber angegeben.

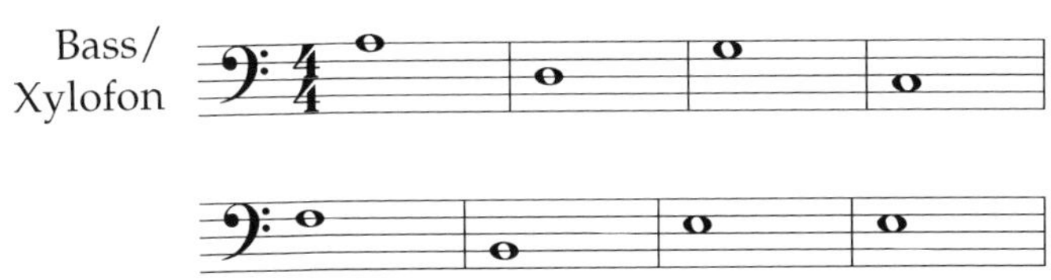

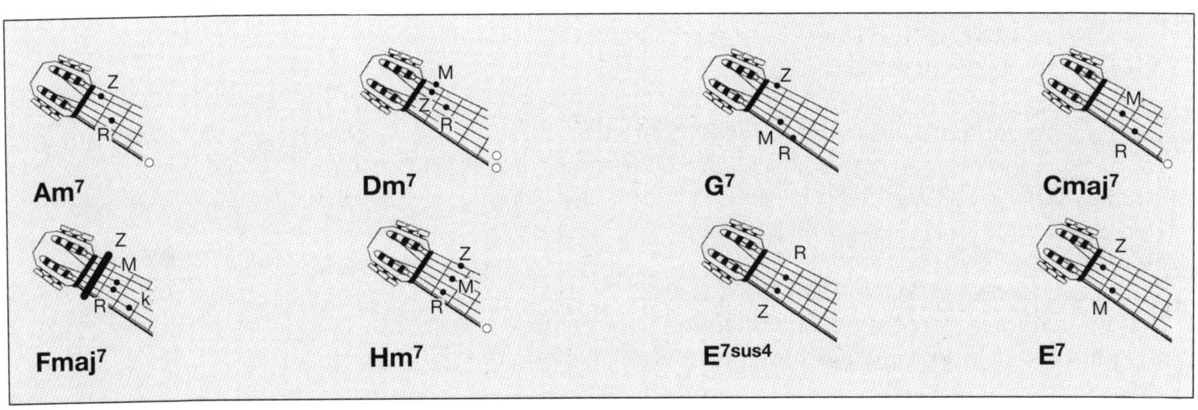

KÖNIG VON DEUTSCHLAND

III/1 I/13

T & M: Rio Reiser

2. Ich würd die Krone täglich wechseln, würde zweimal baden,
würd die Lottozahlen eine Woche vorher sagen.
Bei der Bundeswehr gäb es nur noch Hitparaden.
Ich würd jeden Tag im Jahr Geburtstag haben.
Im Fernsehen gäb es nur noch ein Programm:
Robert Lemke vierundzwanzig Stunden lang.
Ich hätte zweihundert Schlösser und wär nie mehr pleite.
Ich wär Rio der Erste, Sissi die Zweite.

3. Die Socken und die Autos dürften nicht mehr stinken.
Ich würd jeden Morgen erst mal ein Glas Schampus trinken.
Ich wär schicker als der Schmidt und dicker als der Strauß,
und meine Platten kämen ganz groß raus.
Reinhard Mey wäre des Königs Barde,
Paola und Kurt Felix wären Schweizer Garde.
Vorher würde ich gerne wissen, ob sie Spaß verstehen:
Sie müssten achtundvierzig Stunden ihre Show ansehen.

Rio Reiser

Er ist der König von Deutschland. Dabei beginnt alles mit den Schlachtrufen „Keine Macht für niemand“ und „Macht kaputt, was euch kaputt macht“. Das ist in den frühen 70ern mit „Ton, Steine, Scherben“, einer politischen Rockband aus Berlin. Die Musik ist rau, und die Texte sollen etwas bewegen. Außerdem: Wo die „Scherben“ auftreten, sind Hausbesetzer meist nicht weit. Rio Reiser gilt als Kultfigur des Politrocks. Umso verwunderlicher ist es, dass er 1986, ein Jahr nach Trennung der Scherben, ein Soloprojekt („Rio I.“) mit ganz anderen Tönen vorlegt. Der Kassenschlager „König von Deutschland“ kann sogar den Schuldenberg tilgen, den der „musikalischen Klassenkampf“ hinterlassen hat. Seinen alten Anhängern ist dies allerdings nicht mehr kämpferisch genug, doch von der etablierten Presse wird er gefeiert.
1950 wird Rio Reiser in Berlin geboren, wächst in Süddeutschland auf. Es folgt eine Fotografenlehre, ein Englandaufenthalt und Mitte der 1960er-Jahre die Rückkehr nach Berlin. Später tritt er auch als Schauspieler auf und schreibt neben seinen Soloprojekten Rockmusicals, Opern, Filmmusiken und Kinderlieder. Im August 1996 stirbt Rio Reiser in seinem Haus in Nordfriesland.

Begleitung

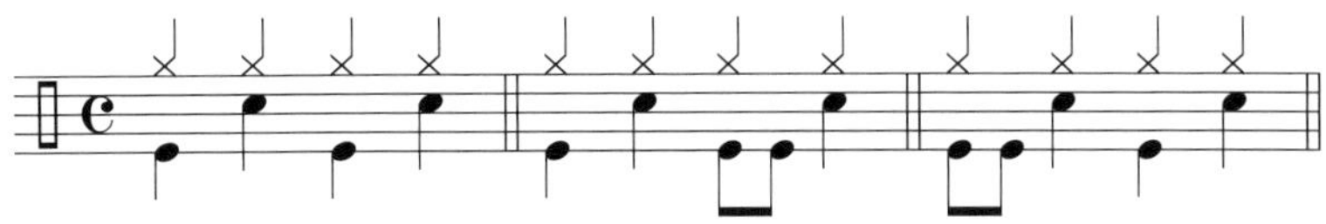

Die Begleitung ist im ersten Teil vom stark akzentuierten Schlagzeug und den in Achteln gespielten Gitarre und Bass geprägt. Im Refrainteil treten Keyboardsounds hinzu, die in vereinfachter Form auf Klavier, Keyboard oder Xylofon mitgespielt werden können.
Da das Schlagzeug mit den zwei Achtelschlägen auf Dauer nur schwer zu realisieren ist, sind oben weitere mögliche Varianten für den Groove angegeben.

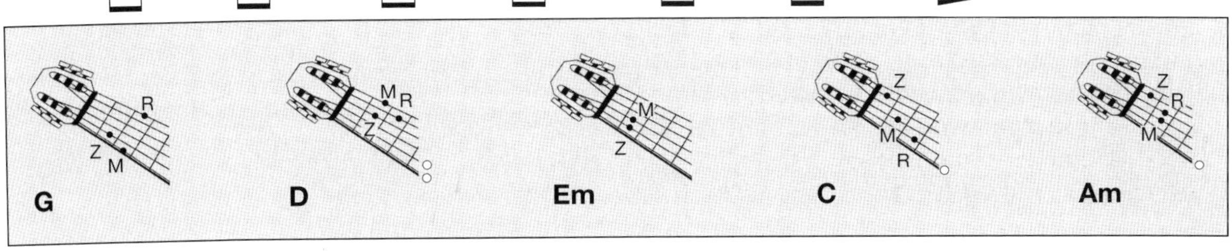

LEUCHTTURM

III/2

T: Nena Kerner
M: Jörn-Uwe Fahrenkrog-Petersen, Nena Kerner

Nena

Sie gehört Anfang der 1980er-Jahre mit „99 Luftballons" zu den erfolgreichsten Vertreterinnen der „Neuen Deutschen Welle". Nach dem schnellen Ableben dieser Bewegung wird es auch um den Schwarm der deutschen Teenies, Nena, ruhig. Persönliche Schicksalsschläge kommen hinzu. Doch im Stillen produziert sie weiter; macht Alben mit Kinderliedern und singt für Musical-Filmproduktionen. Bereits Mitte der 90er-Jahre erscheinen erste Coverversionen ihrer alten Songs (Blümchen: 99 Luftballons) und im Jahre 2003 hat sie schließlich selbst mit Neuaufnahmen ihrer alten Songs ein gigantisches Comeback. Auch das Lied „Leuchtturm" wird in diesem Zusammenhang neu aufgenommen.

Begleitung (Refrain)

Der Bass spielt dazu die Grundtöne in Achteln, die Gitarre Powerchords (nur Prim und Quinte) ebenfalls in Achteln.

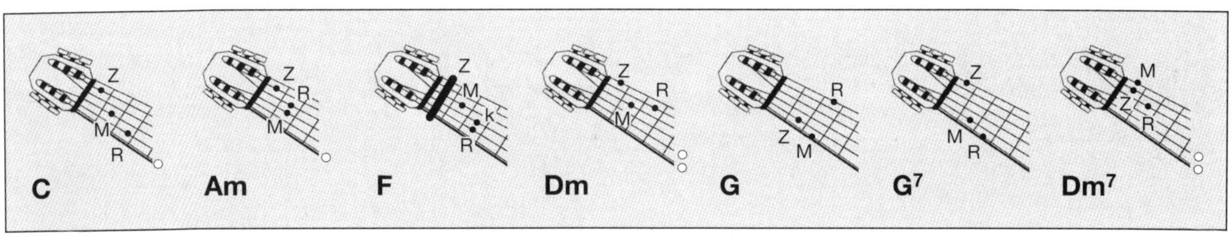

III/3 I/15

MACK THE KNIFE

T.: Bertolt Brecht,
engl. T.: Blitzstein
M.: Kurt Weill

Text der Robbie Williams-Fassung

1. Oh the shark babe, has such teeth dear,
and he shows them pearly white.
Just a jack knife has all Mac Heath, babe,
and he keeps it out of sight.

2. You know when that shark bites
with his teeth dear,
scarlet billows start to spread
and fancy gloves though
it's old Mac Heath babe,
so there's never a trace of red.

3. On the sidewalk, oh sunday morning,
don't ya know?
Lies a body, just oozing life.
And someone's sneaking round the corner.
Could that be our boy Mack the knife?

4. From a tug boat down by the river,
don't ya know?
There's a cement bag just dropping on down.
That cement's there,
it's there for the weight, dear.
Five'll get you ten old Mack he's back in town.

5. Louie Miller he disappeared
after drawing out all his hard earned cash.
And now Mac Heath spends,
he spends just like a, like a sailor.
Could it be? Could it be? Could it be our boys
done something rash?

6. Jenny diver, oh Sukey Tawdry.
Look out Miss Lotte Lenya, and old Lucy Brown.
Yeah the line forms on the right, babe.
Now that Mack he's back in town.

7. I said Jenny diver, oh Sukey Tawdry.
Look out Miss Lotte Lenya, and old Lucy Brown.
Yeah the line forms on the right, babe.
Now that Mack he's back in town.
Look out old Macky is back WOOOOW

Bertolt Brecht/Kurt Weill/ Robbie Williams

Das Stück stammt aus der „Dreigroschenoper" von Bertold Brecht und Kurt Weill, das Ernst Josef Aufrich 1928 als Eröffnungsstück in seinem Theater am „Schiffbauerdamm" herausbrachte. Es ist dort das erste von 21 Nummern der Bühnenvorlage aus dem Jahre 1928, von denen im weiteren Verlauf aber einige auch wieder entfielen, andere hinzukamen. Gesungen von Macheath wurde der Song – der Überlieferung zufolge – erst spät und als Konzession an den Hauptdarsteller, den Operettensänger Harald Paulsen, eingefügt, der sich aus schauspielerischer Eitelkeit für sein erstes Auftreten in der Inszenierung ein besonders effektvolles und nur von ihm vorgetragenes Stück wünschte.
Der Komponist Kurt Weill war von Aufrich ursprünglich nicht für die Vertonung vorgesehen. In Kenntnis von Weills atonalen Arbeiten und aus Angst vor eben diesem Kompositionsstil hatte er die Vertonung insgeheim bereits an seinen Hausmusiker Theo Mackeben vergeben, ließ sich aber nach den ersten Hörproben umstimmen.
Die vorliegende Fassung der „Moritat von Mackie Messer" stammt vom 2001 veröffentlichten Robbie-Williams-Album „Sing When You're Winning". Er beschreitet mit diesem Album einen neuen Weg in seiner Karriere, indem er sich endgültig vom Boygroup-Image löst.

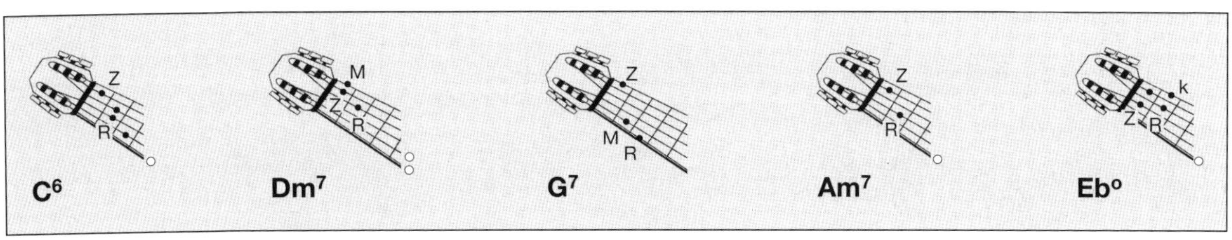

MACK THE KNIFE

T.: Bertolt Brecht,
engl. T.: Blitzstein
M.: Kurt Weill

In diesem Arrangement finden sich die wesentlichen Bläserstimmen für die ersten Chorusdurchgänge in der Ausgangstonart, wie sie auch Brecht singt.

Fl.
A. Sax.
T. Sax.
B Trp.
Pos.
Bass
Am7/E
E♭dim
Dm7
G7
C6

MAJOR TOM

III/4

T & M: Peter Schilling

Peter Schilling

Im Zuge der Neuen Deutschen Welle im Jahre 1983 verarbeitet Peter Schilling die Geschichte eines Raumfahrers, der sich im wahrsten Sinne von der Erde löst, und landete damit einen weltweiten Hit. Er lehnt sich damit offenbar bewusst an David Bowie an, der im Stück „Space Oddity“ eine ähnliche Geschichte thematisiert. Der 1956 in Stuttgart geborene Schilling nennt neben Bowie die deutschen Elektronikrocker von „Kraftwerk“ als seine Vorbilder. Ähnlich wie andere deutsche Musiker der 1980er-Jahre (Nena) bringt er Anfang des neuen Jahrtausends überarbeitete Fassungen seiner alten Songs heraus, u. a. „Major Tom 2003“.

Ablauf: Intro – 1. Strophe – 2. Strophe – Refrain (o. Wdhl.) – Zwischenspiel – 3. Strophe – 4. Strophe – Refrain (m. Wdhl. instrumental) – C-Teil – 5. Strophe – 3x Refrain (beim 3. Mal zur Coda)

1. Gründlich durchgecheckt steht sie da
und wartet auf den Start. Alles klar.
Experten streiten sich um ein paar Daten.
Die Crew hat dann noch ein paar Fragen,
doch der Countdown läuft.

2. Effektivität bestimmt das Handeln.
Man verlässt sich blind auf den andern.
Jeder weiß genau, was von ihm abhängt.
Jeder ist im Stress, doch Major Tom
macht einen Scherz.

Refrain
Dann hebt er ab und:
Völlig losgelöst von der Erde schwebt
das Raumschiff völlig schwerelos.

3. Die Erdanziehungskraft ist überwunden.
Alles läuft perfekt, schon seit Stunden:
Wissenschaftliche Experimente.
Doch was nützen die am Ende,
denkt sich Major Tom.

4. Im Kontrollzentrum, da wird man panisch.
Der Kurs der Kapsel, der stimmt ja gar nicht.
Hallo, Major Tom, können Sie hören?
Wollen Sie das Projekt denn so zerstören?
Doch er kann nichts hören. Er schwebt weiter
...

Refrain
Völlig losgelöst von der Erde schwebt
das Raumschiff völlig schwerelos.

C-Teil
Die Erde schimmert blau.
Sein letzter Funk kommt:
Grüßt mir meine Frau, und er verstummt.

5. Unten trauern noch die Egoisten,
Major Tom denkt sich, wenn die wüssten,
mich führt hier ein Licht durch das All.
Das kennt ihr noch nicht. Ich komme bald;
mir wird kalt …

Refrain
Völlig losgelöst von der Erde schwebt
das Raumschiff völlig schwerelos ...

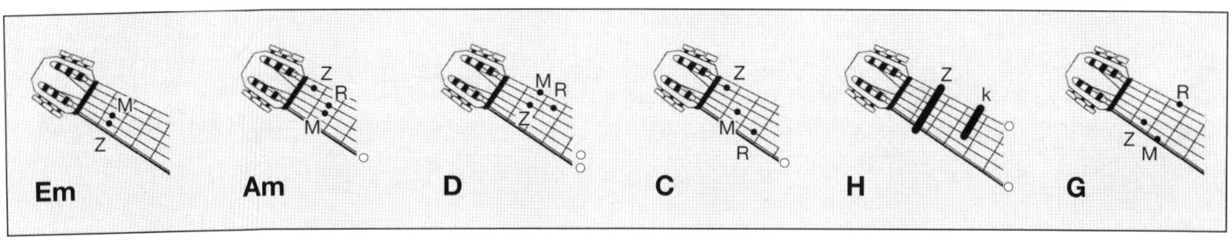

MENSCH

III/5 II/1

T & M:
Herbert Grönemeyer

Ablauf: Intro – Strophe – Refrain – Strophe – Refrain – Zwischenspiel – Refrain – Refrain

Herbert Grönemeyer

Herbert Grönemeyer, Jahrgang 1956, gehört seit Anfang der 1980er-Jahre zu einer verlässlichen Größe im deutschen Popgeschäft. Mit Songs wie „Männer“ oder „Kinder an die Macht“ hat er nicht nur den Geist der Zeit getroffen, sondern auch Dauerbrenner geschaffen, die über Liederbücher Eingang in das häusliche und schulische Singen gefunden haben.
Er begann seine musikalische Laufbahn Mitte der 1970er-Jahre am Schauspielhaus Bochum, wo er unter dem Regisseur Peter Zadek als musikalischer Leiter tätig war. Gleichzeitig studierte er Rechts- und Musikwissenschaften und wirkte in Filmen („Das Boot“ von W. Petersen) und TV-Produktionen mit. Nach schweren persönlichen Schicksalsschlägen ist ihm mit dem Album „Mensch“ und den dazugehörigen Single-Auskopplungen 2002 ein grandioses Comeback gelungen. Bemerkenswert erscheint, dass er mit seiner Musik ein ungewöhnlich breites Publikum anspricht, und zwar quer durch alle Altersgruppen und Bevölkerungsschichten.

Zum Aufbau des Stücks: Der 1. Strophe ist ein achttaktiges Intro vorangestellt, dessen charakteristisches Gitarrenriff auch am Ende des instrumentalen Zwischenspiels erklingt und in die Strophe zurückführt. Das Zwischenspiel (nach dem zweiten Refrain) umfasst ebenfalls acht Takte und wird harmonisch durch einen Reggae-Rhythmus auf den Zählzeiten zwei und vier begleitet.

Gitarren-Intro

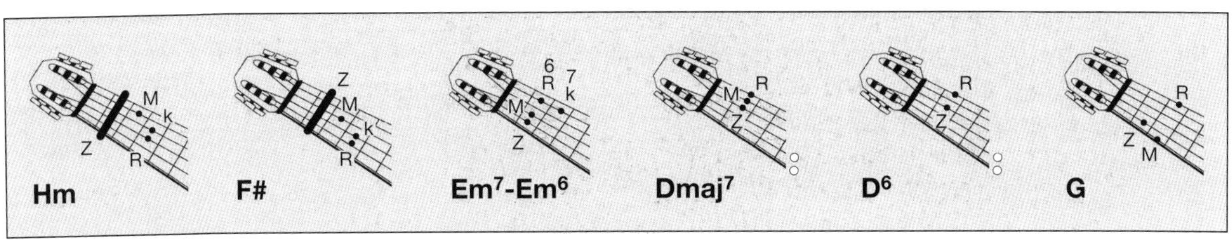

MIGHTY QUINN

III/6 II/2

T & M: Bob Dylan

Begleitung (Intro)

Bob Dylan/Manfred Mann's Earthband

Manfred Mann und seine Earthband sind schon in den 1960er-Jahren eine feste Größe in der britischen Popszene und findet auch international einige Beachtung. Der Bassist der Band, der deutsche Grafiker Klaus Voormann, gehört in den frühen 60er-Jahren zur Hamburger Künstlerszene, die maßgeblich an der modischen Entwicklung der frühen Beatles (Pilzkopffrisur, die charakteristischen Schwarzweißfotos) beteiligt ist. Mit dem Bob Dylan-Song „Mighty Quinn" landen Manfred Mann und seine Earthband einen ihrer größten Hits.
Der eigentliche Autor des Songs, Bob Dylan, zählt heute zu den überragenden Songwriter-Figuren und Poeten des Pop. In den 60er- und 70er-Jahren kommt kein Singer/Songwriter an ihm vorbei. Seine Texte sind Maßstab für unzählige Musiker, seine Songs werden in allen Erdteilen gehört und gesungen. Und spätestens seit er die akustische Gitarre des Folksängers gegen die E-Gitarre des Rockstars tauscht, ist er auch in diesem Genre eine feste Größe. Bis heute ist er durch alle musikalischen und inhaltlichen Häutungen hindurch aktiv. Seine Songs werden von anderen Musikern rezipiert und interpretiert. Die musikalischen Lehrjahre verbringt der junge Dylan in der Folkszene New Yorks, im Künstlerviertel Greenwich Village. Frühe Filmaufnahmen zeigen ihn als jugendlichen Rebellen gegen das „Establishment". Auch seine Texte werden als gesellschaftskritisch eingestuft. Doch lässt er sich nie vereinnahmen. Offene politische Statements lehnt er ebenso ab wie die einseitige Auslegung seiner Texte.

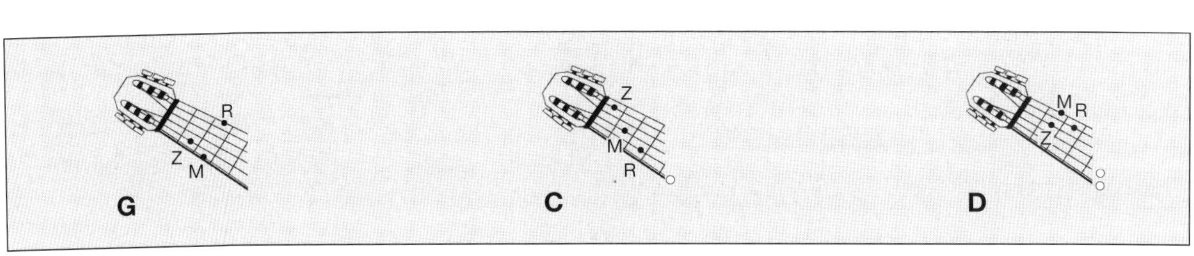

III/7 II/3

MIT DIR

T & M: Martin Welzer, Philippe Alexander Kayser, Max Herre

Drumpattern

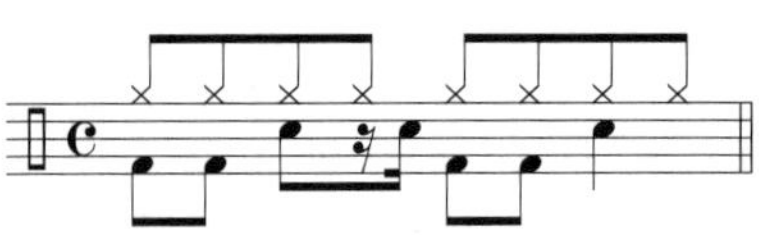

A) Intro (instrumental)
A) mit dir steht die zeit still du bist was ich will
spürst du was ich fühl denn was ich fühl ist real
es ist mehr als nur ein spiel ich lieb deinen stil
dein sexappeal komm relax mit mir
will nichts tun was du später mal bereu'n wirst
doch heut nacht brauch ich bisschen mehr als freundschaft
bitte schau mich nicht so an deine blicke sind gefährlich
du ehrlich ich begehr dich
B) mit dir steht die zeit still du verwirrst mich
bist zuviel für mich spür' wie du mein willen brichst
ist es mehr als nur ein spiel leg die karten auf den tisch
meinst du ich bleib kühl wenn du bei mir bist
will nichts tun was ich später mal bereun werd
doch heut nacht brauch ich bisschen mehr als freundschaft
deine küsse machen süchtig nimm rücksicht
ich weiß du bist berüchtigt

C) **Refrain**
her, komm her
komm näher komm näher
komm her komm her
komm näher komm näher

A) baby baby du bist smooth wie kamasutra
...pschhht... sonst hört uns deine mutter
denk nicht ich sei unverwundbar
B) baby yeah meinst du nicht dass wir zu weit gehn
wird das mehr als nur ein one night stand
oder willst du mich nur haben um deinen homies davon zu erzähln
A) mit dir bleibt die welt stehn
denk nicht dass wir uns nicht wieder sehen wenn sie sich morgen weiterdreht
ich weiß es ist schon spät soll ich lieber gehn
oder bei dir bleiben du bist mehr als nur mein zeitvertreib
ist es einsamkeit, die aus deinen augen spricht
lass die zweifel sein und genieß den augenblick
auch ich brauch dich
es ist unglaublich wie sehr du mir vertraut bist
B) mit dir bleibt die welt stehn
werden wir uns wiedersehen wenn sie sich morgen weiterdreht
ich weiß es ist spät weiß nicht was ich mach denn
ich will deine leidenschaft nicht nur für die eine nacht
ist es liebe die aus deinen augen spricht
zumindest spür ich sie im augenblick
auch ich brauch dich
es ist erstaunlich wie sehr du mir vertraut bist

C) **Refrain**

A) baby baby seitdem ich dich gesehn hab
hab ich gespürt dass es passieren wird
was wir tun kann nicht falsch sein
es ist mehr als du vielleicht meinst
B) baby suchst du nur noch abenteuer
uh, spiel nicht mit dem feuer
denn ich will mich nicht verbrennen
keine ahnung was du liebe nennst
A) mit dir steht die zeit still du bist was ich will
spürst du was ich fühl denn was ich fühl ist real
es ist mehr als nur ein spiel ich lieb deinen stil
dein sexappeal komm relax mit mir
B) ich will nichts tun was ich später mal bereun werd'
doch heut nacht brauch ich bisschen mehr als freundschaft
deine küsse machen süchtig nimm rücksicht
ich weiß du bist berüchtigt
A) oh, baby baby du siehst so schön aus im schlaf
ich komm wieder wenn ich darf
will dich nicht wecken schreib dir'n zettel bevor ich weggeh babe
B) baby küss mich wach
ich begrüß den tag
schenk' dir ein lächeln will dich checken bevor du weggehst babe

C) **Refrain** (2x) – B) Instrumental

FK – Freundeskreis

Anders als die amerikanischen Vorbilder im Hip-Hop kommt dieses Stück der Stuttgarter Gruppe Freundeskreis sehr entspannt und ruhig daher. Musikalisch handelt es sich um „gesungenen" Rap über typische Begleit- und Rhythmusschleifen, die sich gut für eine instrumentale Umsetzung eignen. FK Freundeskreis nennt sich die Gruppe um die Musiker Max Herre, Don Phillipe und DJ Friction. Max Herre singt zunächst in Soul- und Reggaebands, bis er zur Hip-Hop-Gruppe „Kolchose" stößt. Zusammen mit dem Produzenten Phillipe Kayser entsteht 1993 unter dem Namen „Agit Jazz" ihr erstes Hip-Hop-Projekt, das wenig später durch DJ Friction ergänzt wird. Bei dieser Aufnahme gibt die Soulsängerin Joy Denalane ihr Debut in deutscher Sprache.

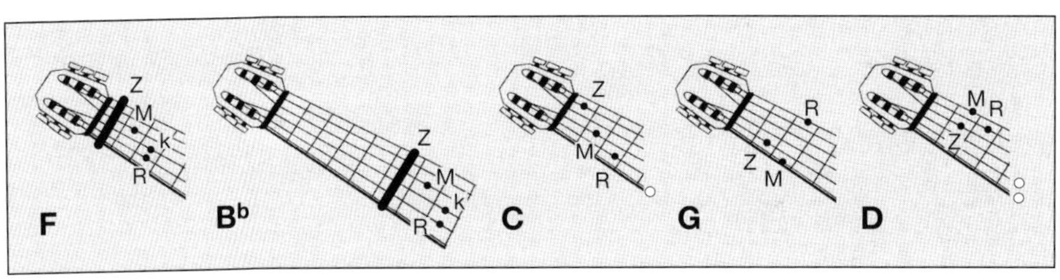

MIT LIEB BIN ICH UMFANGEN

T & M: Johann Steuerlein
1575

1. Mit Lieb bin ich umfangen,
Herz allerliebste mein;
Nach dir steht mein Verlangen,
Könnt's oder möcht es sein.
Könnt ich dein Gunst erwerben,
Käm ich aus großer Not,
Viel lieber wollt ich sterben,
Und wünscht mir selbst den Tod.

2. Wie soll ich von dir lassen,
Es kost mir meinen Leib,
Dazu zwingt mich ohnmassen,
Daß ich nit von dir scheid.
Dir hab ich mich ergeben
In rechter Stetigkeit,
Dieweil ich hab das Leben,
Herzlieb nit von mir scheid !

Dieses Lied findet sich in Hainhofers Lautenbüchern von 1603 in einem Satz von Johann Steuerlein 1547–1613. Da es damals kein Urheberrecht gab, galt es als durchaus normal z. B. eine Melodie zu übernehmen und mit einem neuen Text zu vesehen, ohne dass der ursprüngliche Autor genannt wurde. So ist es denn auch nicht verwunderlich, dass man das gleiche Lied mit einem anderen Autoren findet, so z. B. als Nr. 501 des evangelischen Gesangbuches. Hier ist Martin Behm als Autor des Liedes „Wie lieblich ist der Maien", datiert auf das Jahr 1606, angegeben

Wie lieblich blüht der Maien

Martin Behm, 1606

1. Wie lieblich ist der Maien
aus lauter Gottesgüt,
des sich die Menschen freuen,
weil alles grünt und blüht.
Die Tier sieht man jetzt springen
mit Lust auf grüner Weid,
die Vöglein hört man singen,
die loben Gott mit Freud.

2. Herr, dir sei Lob und Ehre
für solche Gaben dein!
Die Blüt zur Frucht vermehre,
lass sie ersprießlich sein.
Es steht in deinen Händen,
dein Macht und Güt ist groß;
drum wollst du von uns wenden
Mehltau, Frost, Reif und Schloß'.

3. Herr, lass die Sonne blicken
ins finstre Herze mein,
damit sich's möge schicken,
fröhlich im Geist zu sein,
die größte Lust zu haben
allein an deinem Wort,
das mich im Kreuz kann laben
und weist des Himmels Pfort.

4. Mein Arbeit hilf vollbringen
zu Lob dem Namen dein
und lass mir wohl gelingen,
im Geist fruchtbar zu sein;
die Blümlein lass aufgehen
von Tugend mancherlei,
damit ich mög bestehen
und nicht verwerflich sei.

MMM MMM MMM MMM

III/8

T & M: Brad Roberts

Crash Test Dummies

In der kanadischen Stadt Winnipeg tritt der Sänger und Gitarrist Brad Roberts mit Folkpop-Songs auf und gründet Ende der 1980er-Jahre die „Crash Test Dummies“, die 1991 ihren ersten Plattenvertrag bekommen. Die erste Veröffentlichung, das Album „The Goast That Haunts Me“ ist ein eher regionaler Erfolg. Das ändert sich allerdings mit der Singleauskopplung „Mmm Mmm Mmm Mmm“ aus dem Jahre 1994. Trotz der für Popsongs ungewöhnlichen Bassstimme des Leadsängers gelingen Single und Album eine Platzierung hoch in den Charts. Der Song wird weltweit zu einem Erfolg, auch in den Radiostationen. An diesen großen Erfolg kann die Band allerdings mit weiteren Produktionen nicht anknüpfen. Vielleicht ist die Musik zu wenig stromlinienförmig oder die Texte der Dummies zu unpopulär, um sich längere Zeit ganz oben aufzuhalten. Trotz eines schweren Autounfalls im Jahre 2000 produziert Roberts weiter Musik.

Drumpattern

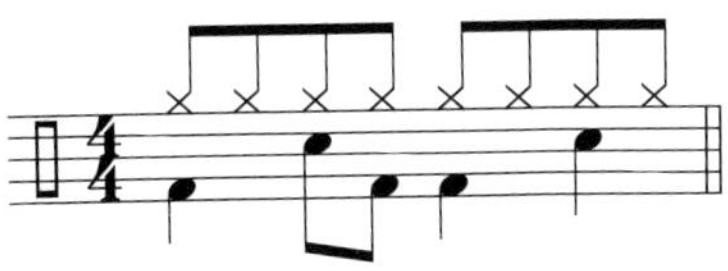

Intro

Bass

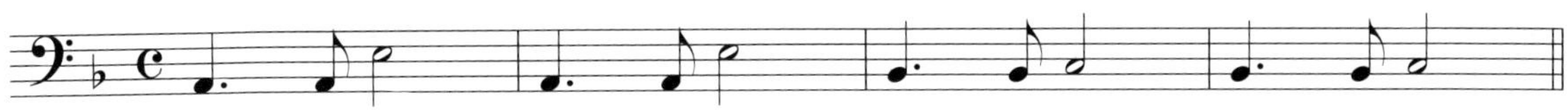

Zwischenspiel

Begleitung

Gitarre

Klavier

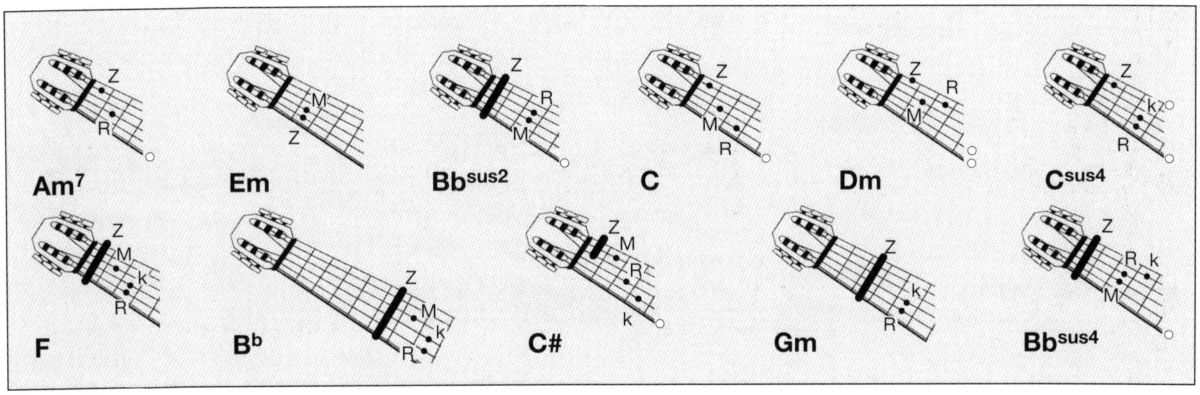

NO WOMAN, NO CRY

III/9 II/4

T & M: Vincent Ford

Original in Des-Dur

No woman, no cry. (4x)

Say I remember when we used to sit
in the government yard in Trenchtown.
Observing all the hypocrites,
as they would mingle with the good people we meet.
Good friends we had oh, good friends we lost along the way.
In this bright future you can‘t forget your past.
So dry your tears I say.

No woman, no cry.
No woman, no cry.
Hey little darling don‘t shed no tears
No woman, no cry.

I remember when we used to sit
in the government yard in Trenchtown.
And then Georgie would make a firelight,
as it was log wood burning through the night.
And we would cook cornmeal porridge
of which I share with you.
My feet is my only carriage, so I‘ve got to push on through,
but while I‘m gone (I mean:)
ev‘rything‘s gonna be alright.

No woman, no cry.
No woman, no cry.
Oh, my little sister don‘t shed no tears.

No woman, no cry.

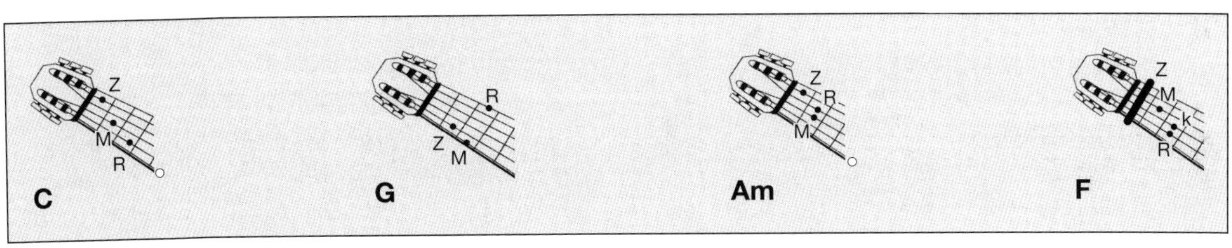

NO WOMAN, NO CRY

T & M: Vincent Ford

Das Problem beim Reggae liegt im Wesentlichen in der rhythmischen Begleitung. Anders als sonst üblich in der Popmusik fällt der erste Schlag der Bass Drum oftmals nicht auf die Zählzeit Eins, sondern wird stiltypisch auf Zwei und Vier des Taktes gespielt. Auch die Rhythmusgitarre spielt ihre Achtel immer gegen die Taktbetonung auf 1+ 2+ 3+ 4+, lässt also die schweren Zeiten aus und spielt somit die für den Reggae typischen Offbeats.

Bob Marley

Nach wie vor ist Bob Marley der Inbegriff des Reggae, Leitbild einer bestimmten Gruppe der Jugendkultur und Ikone des Pop, und das fast ein Vierteljahrhundert nach seinem Tod im März 1981. Robert Nester Marley, wie er mit bürgerlichem Namen hieß, wird am 5.2.1945 als Sohn einer Jamaikanerin und eines britischen Offiziers auf Jamaika geboren. Zunächst macht er nach der Schulzeit eine Lehre als Schweißer. Nach ersten erfolglosen Versuchen im Musikgeschäft, gründet er Mitte der 1960er-Jahre zusammen mit Peter Tosh (eigentlich P. McIntosh) und Bunny Livingston (Wailer) die „Wailing Wailers". Die Band spielt zunächst Ska, eine Vorform der Reggae. Aufgrund finanzieller Probleme versucht Marley Ende der 60er sein Glück in den USA, kehrt aber bald nach Jamaika zurück, wo er weiter an seiner Musik arbeitet und von wo aus er eine Tour in die USA sowie eine Englandtour startet. Der erste große Erfolg kommt 1972, als Eric Clapton seinen Song „I Shot The Sheriff" covert. Mit dem Nummer 1-Hit „No Women, No Cry" gelingt ihm und seiner Band „The Wailers" schließlich der weltweite Durchbruch.
Parallel zu seinem Erfolg machen er und Peter Tosh sich für die Emanzipation und Eigenständigkeit der Drittweltländer stark.
Mit Bob Marley und Peter Tosh wird der Reggae zu einer einflussreichen Stilrichtung in der Popmusik.
Wie viele andere Songs ist auch „No Women, No Cry" von Künstlern aus der Hip-Hop-Szene bearbeitet und neu aufgenommen worden. Die Fugees, die neben diesem auch mit Roberta Flacks Klassiker „Killing Me Softly" einen Riesenerfolg hatten, sind bekannt für ihren Mix. In der Hip-Hop-Szene sind sie allerdings nicht unumstritten: Zu viel Soul, zu viel Pop, und dann nimmt Wyclef Jean auch noch eine richtige Gitarre in die Hand, statt sich ganz auf Samples zu stützen. Erfolg hat er damit allerdings auf jeden Fall, was sich unschwer an der Zusammenarbeit mit Carlos Santana („Maria Maria" vom Album „Supernatural") ablesen lässt.

ONLY TIME

III/10 II/5

T. & M.: Roma Shane Ryan
M.: Eith Ni-Bhraonain,
Nicolas Dominick Ryan

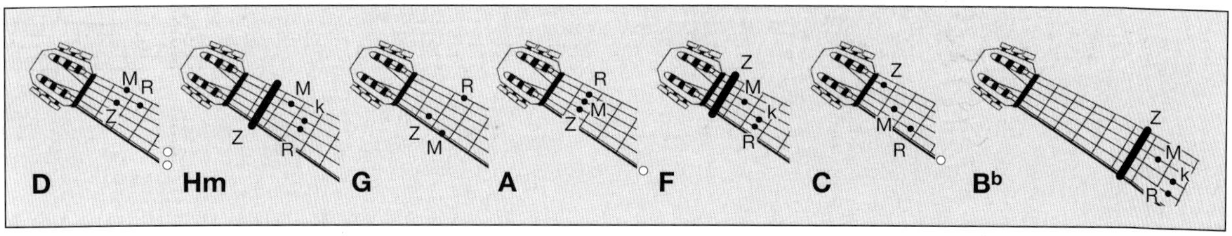

Enya

Der Erfolg des Songs „Only Time“ der irischen Sängerin Enya (Eitine Ni Bharaonain) ist sicherlich u. a. durch die Berichterstattung über die Anschläge des 11. September 2001 auf das World Trade Center in New York beeinflusst, wo er als Hintergrundmusik eingesetzt wurde. Enya arbeitet seit Anfang der 1980er-Jahre als Sängerin – zunächst für die Irisch-Folk-Gruppe „Clannad“ – und komponiert Filmmusiken für die BBC. Ende der 80er- und Mitte der 90er-Jahre gelangt sie mit eigenen Titeln in die Charts. Nach wie vor ist ihre Musik – trotz der Verwendung der elektronischen Musikinstrumente – vom Sound des Irish-Folk geprägt. Mit „May It Be“ singt sie den Titelsong zum Film „Herr der Ringe“.

SCARBOROUGH FAIR

III/11

T & M: Traditionell

2. Tell her to make me a cambric shirt.
   Parsley, sage, rosemary and thyme.
   Without any seam or fine needlework
   and then she'll be a true love of mine.

3. Tell her to wash it in yonder dry well.
   Parsley, sage, rosemary and thyme.
   Where water never sprung, nor drop fell
   and then she'll be a true love of mine.

4. Oh, will you find me an acre of land.
   Parsley, sage, rosemary and thyme.
   Between the sea foam and the seasand
   or never be a true love of mine.

5. Oh, will you plough it with a lamb´s horn.
   Parsley, sage, rosemary and thyme.
   And sow it all over with one peppercorn
   or never be a true love of mine.

6. And when you have done and finished you work.
   Parsley, sage, rosemary and thyme.
   Then come to me for your cambric shirt
   and you shall be a true love of mine.

Deutsche nicht singbare Übersetzung

1. Gehst du nach Scarborough Fair?
   Petersilie, Salbei, Rosmarin und Thymian.
   Erinnere mich an jemanden, der dort lebt.
   Einst war sie eine treue Liebe von mir.

2. Sag ihr, dass sie mir ein Batisthemd fertigen soll.
   Petersilie, Salbei, Rosmarin und Thymian.
   Ohne Saum oder feine Handarbeit,
   dann wird sie eine treue Liebe von mir sein.

3. Sag ihr, sie soll es in jener trocknen Quelle waschen.
   Petersilie, Salbei, Rosmarin und Thymian.
   Wo niemals Wasser entsprang oder ein Tropfen fiel,
   dann wird sie eine treue Liebe von mir sein.

4. Wirst du mir einen Acker finden?
   Petersilie, Salbei, Rosmarin und Thymian.
   Zwischen der Gisch und dem Seesand?
   Sonst wirst du nie eine wirkliche Liebe von mir sein.

5. Wirst du mit dem Horn eines Lamms pflügen?
   Petersilie, Salbei, Rosmarin und Thymian.
   Und einsäen mit einem Pfefferkorn?
   Sonst wirst du nie eine wirkliche Liebe von mir sein.

6. Und wenn du das getan und deine Arbeit beendet hast.
   Petersilie, Salbei, Rosmarin und Thymian.
   Dann komm zu mir für dein Batisthemd
   und du wirst eine wirkliche Liebe von mir sein.

Mit einer Art Beschwörungsformel „Parsley, sage, rosemary and thyme“ (Petersilie, Salbei, Rosmarin und Thymian) erzählt dieses alte schottischen Volkslied von den Prüfungen, die eine ehemalige Geliebte offenbar bestehen muss, um zu ihrem Geliebten zurückkehren zu dürfen (Prüfungen, die eigenlich nicht zu bewältigen sind). Die Formel „Petersilie, Salbei, Rosmarin und Thymian“ bietet dabei Anlass zu allerlei Spekulationen. Einerseits werden den Kräutern symbolische Bedeutung zugesprochen – Rosmarin = Liebe, Thymian = Mut, Salbei = Stärke – andererseits gibt es die verschiedensten Anwendungen als Heilkräuter. So wurde Petersilie auch als Mittel zur Abtreibung verwendet.
Das Pop-Duo „Simon and Garfunkel“ machte das Lied durch seine Interpretation „hitparadenfähig“.

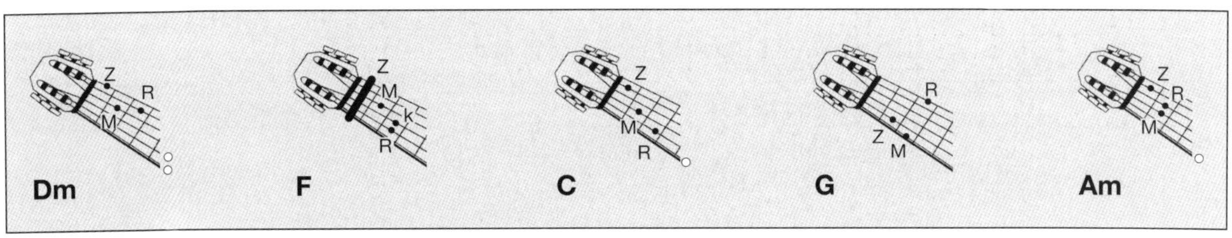

SHE'S THE ONE

III/12 II/6

T. & M.: Karl Wallinger

I was her, she was me,
we were one, we were free.
And if there's somebody calling me on,
she's the one.
If there's somebody calling me on,
she's the one.

We were young, we were wrong,
we were fine all along.
If there's somebody calling me on,
she's the one.

When you get to where you wanna go,
and you know the things you wanna know,
you're smiling.
When you said what you wanna say,
and you know the way you wanna play, yeah,
you'll be so high you'll be flying.

Though the sea will be strong,
I know we'll carry on.
'Cos if there's somebody, calling me on,
she's the one.
If there's somebody calling me on,
she's the one.

When you get to where you wanna go,
and you know the things you wanna know,
you're smiling.
When you said what you wanna say,
and you know the way you wanna say it.
You'll be so high you'll be flying.

I was her she, was me,
we were one, we were free.
If there's somebody calling me on,
she's the one.
If there's somebody calling me on,
she's the one.

If there's somebody calling me on,
she's the one.
Yeah she's the one.
If there's somebody calling me on,
she's the one.
She's the one.
If there's somebody calling me on,
she's the one,
she's the one.

If there's somebody calling me on,
she's the one,
she's the one.

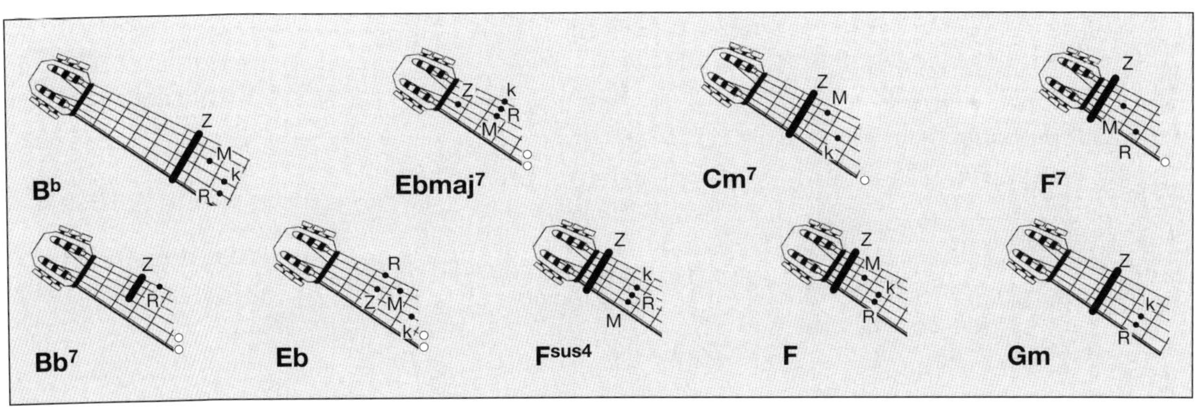

SITTIN' ON THE DOCK OF THE BAY

III/13

T. u. M.: Otis Redding, Steve Cropper

Otis Redding

Sitting on the Dock of the Bay“ ist einer der großen Hits des Soulsängers Otis Redding (geb. 1941). Und auch heute hat der Song weder im Original noch in Bearbeitungen für unterschiedliche Besetzungen an Faszination verloren. Leider kann er selbst seinen großen Triumph nicht mehr miterleben. Am 10. Dez. 1967 stürzt er mit seinem Privatflugzeug ab.
Seit Anfang der 1960er-Jahre ist Otis Redding neben Wilson Pickett und dem Duo Sam and Dave einer der erfolgreichsten Interpreten der Soul-Produktionsfirma „Stax/Volt“ in Memphis, die – neben Motown (Detroit) und Atlantic (New York) – den aus Rhythm and Blues und Gospel entstandenen neuen „Pop der Schwarzen“ produziert. Neben seiner Funktion als Tanzmusik gibt er auch einem neuen, gestärkten Selbstbewusstsein Ausdruck und spielt innerhalb der amerikanischen Bürgerrechtsbewegung keine unerhebliche Rolle.
Die musikalische Karriere von Otis Redding beginnt wie für so viele Schwarze im Kirchenchor. Über die Schulband seiner High School führt ihn der Weg schließlich in Little Richards Band „The Upsetters“. Ende der 1950er-Jahre beginnt er an Gesangswettbewerben teilzunehmen, die er so regelmäßig gewinnt, dass er schließlich von der Teilnahme ausgeschlossen wird.
Die Inspiration für den Song „Sittin´ On The Dock ...“ soll er erhalten haben, als er im Sommer 1967 während eines Engagements im Fillmore West Theater (San Francisco), das Beatles-Album „Sgt. Pepper“ hörend, einen Blick auf die San-Francisco-Bay hat.

Bläserstimmen in C

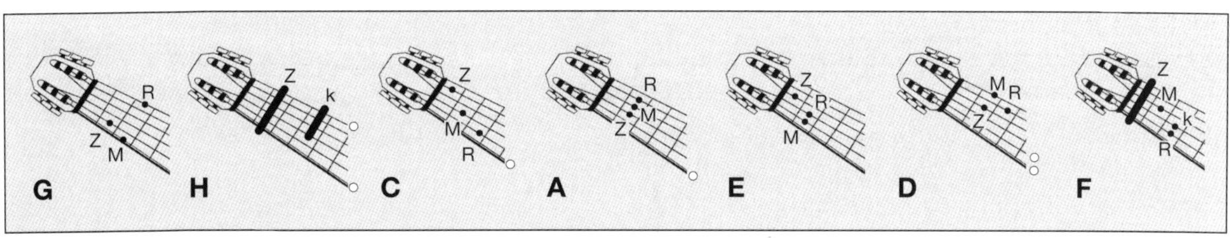

SOUND OF SILENCE

IV/1

T & M: Paul Simon

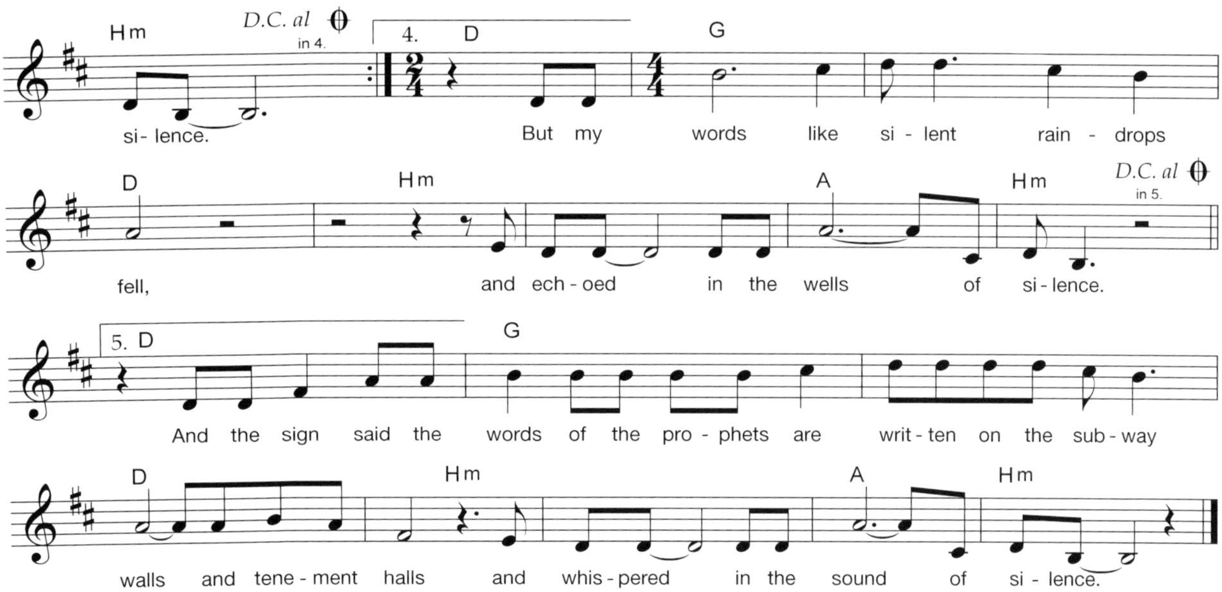

Simon and Garfunkel

Paul Simon und Art Garfunkel waren wohl das beliebteste Gesangsduo der 60er- und frühen 70er-Jahre, wobei Paul Simon eher der Songschreiber und Art Garfunkel die Stimme war. Beide Jahrgang 1941 sollen sich bei einer Schulaufführung kennen gelernt haben. Ihr Sound war von Anfang an von der New Yorker New-Folk-Bewegung (Dylan) geprägt. Am bekanntesten sind sicher ihr „Andenklassiker" „Al Condor Pasa", „Bridge Over Troubled Water" oder auch die Musik zum Film „Die Reifeprüfung" („Mrs. Robinson") mit Dustin Hoffman. Anfang der 70er-Jahre kam dann die Trennung des Duos. Viele Jahre gingen sie getrennte Wege, seit einiger Zeit sind sie wieder gemeinsam auf der Bühne zu hören.

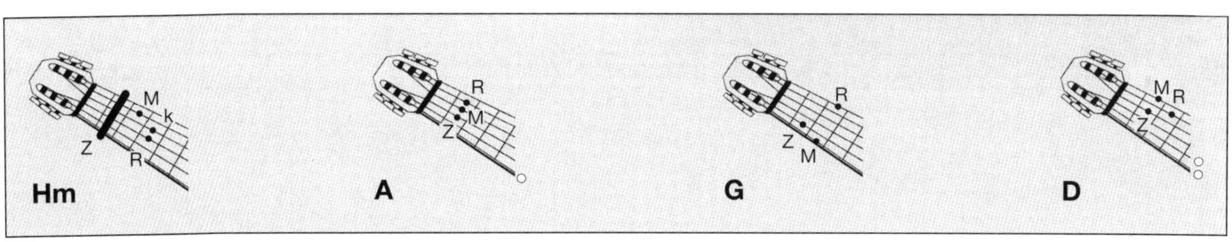

SOUND OF SILENCE

T & M: Paul Simon

Der Song lässt sich gut mit Stabspielen begleiten. Ein Problem ist sicher der Taktwechsel, der durch die Orientierung der Melodie am Sprachrhythmus entsteht, der aber im ersten, zweiten und vierten Strophendurchgang für die Begleitung keine wesentliche Rolle spielt. In der dritten und fünften Strophe müsste der 9. Takt jeweils um zwei Viertel verlängert werden, um wieder mit der Melodie zusammenzukommen.

Sound Of Silence

T & M: Paul Simon

1. Hello darkness, my old friend,
I've come to talk with you again,
because a vision softly creeping,
I left it's seeds while I was sleeping,
and the vision that was planted in my brain
still remains
within the sound of silence.

2. In restless dreams I walked alone
narrow streets of cobblestone,
'neath the halo of a street lamp,
I turned my collar to the cold and damp.
When my eyes were stabbed by the flash of
a neon light that split the night
and touched the sound of silence.

3. And in the naked light I saw
ten thousand people, maybe more.
People talking without speaking,
people hearing without listening.
People writing songs that voices never share
and no one deared
disturb the sound of silence.

4. Fools said I,you do not know
silence like a cancer grows.
Hear my words that I might teach you,
take my arms that I might reach you.
But my words like silent raindrops fell,
and echoed in the wells of silence.

5. And the people bowed and prayed
to the neon God they made.
And the sign flashed out it's warning,
in the words that it was forming.
And the signs said, the words of the prophets
are written on the subway walls
and tenement halls
and whisper'd in the sounds of silence.

STAND BY ME

IV/2

T & M: Ben E. King,
Jerry Leiber, Mike Stoller

Original in A-Dur

Solo (Violine)

Ben E. King

Der Soulsänger Ben E. King hat der Popgeschichte mit seiner markanten Stimme einige der schönsten Interpretationen von Popklassikern wie „Save The Last Dance For Me“ oder „Here Comes My Baby“ geliefert, doch mit einem Song hat er gleich zweimal Chartstatus erreicht: „Stand By Me“. Zunächst, als er in den frühen 1960er-Jahren neu herauskommt und ein zweites Mal 25 Jahre später, im Jahre 1986 als Titelmusik des gleichnamigen Kinofilms, mit dem er eine ganz neue Generation begeistert. Auffällig ist im Original neben der typischen Stimme vor allem die sparsame Begleitung mit der einprägsamen Basslinie.

Das Arrangement

Das Stück lässt sich aufgrund der ostinaten Begleitung sehr gut mit Gruppen musizieren. Neben dem Bass kann die Linie parallel von anderen Instrumenten (Streichinstrumenten, Keyboards, Stabspielen, Bläsern) übernommen werden. Das Schlagzeug beschränkt sich auf einen Schlag auf der Zählzeit 2, der von der Hi-Hat, Guiro oder anderen Perkussionsinstrumenten gespielt werden kann. Nur sehr leise sind im Hintergrund Bongos oder Congas zu hören. Zusätzlich ist links unten noch das Streichersolo in vereinfachter Form notiert.

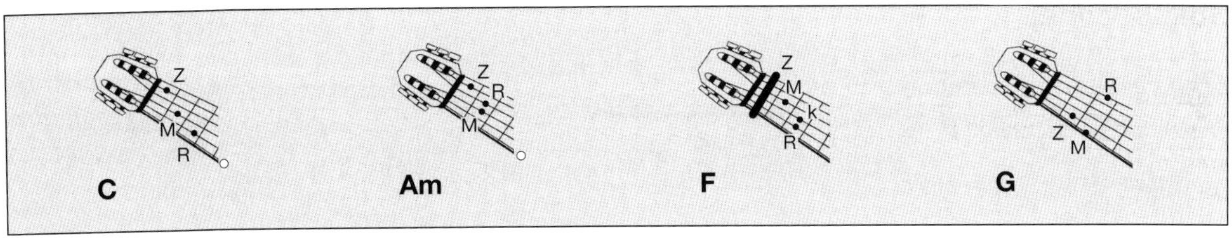

SUPER TROUPER

IV/3 II/7 T.& M.: Benny Andersson, Björn Ulvaeus

Original in Des-Dur

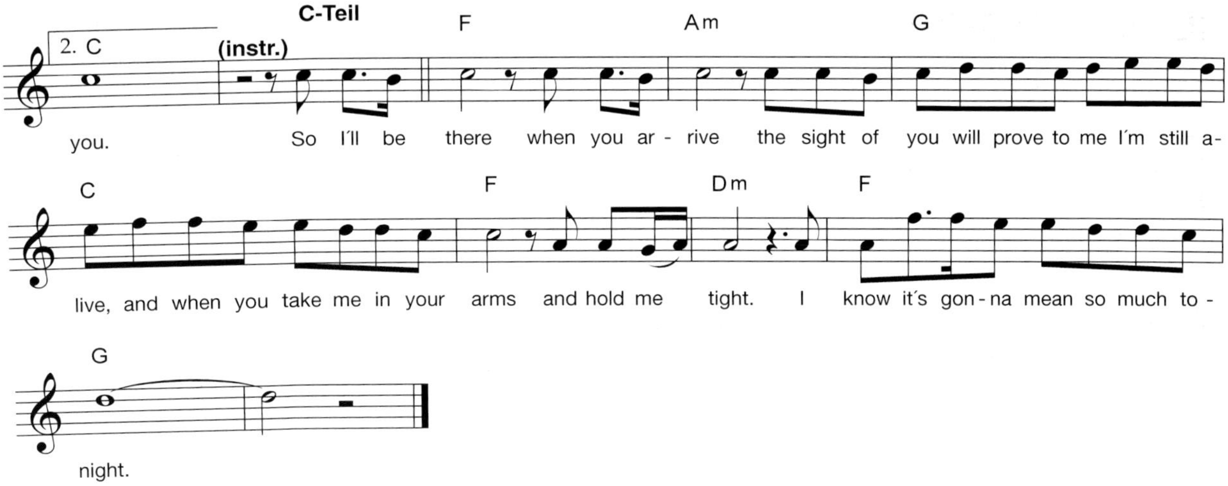

1. I was sick and tired of everything
when I called you last night from Glasgow.
All I do is eat and sleep and sing
wishing every show was the last show
(wishing every show was the last show).

So imagine I was glad to hear you're coming.
(glad to hear you're coming)
Suddenly I feel all right.
(and suddenly it's gonna be)
And it's gonna be so different
when I'm on the stage tonight.

Refrain
Tonight the
Super trouper lights are gonna find me
shining like the sun,
smiling, having fun,
feeling like a number one.
Tonight the
Super trouper beams are gonna blind me
but I won't feel blue
like I always do
'cause somewhere in the crowd there's you.

2. Facing twenty thousand of your friends,
how can anyone be so lonely.
Part of a success that never ends,
still I'm thinking about you only.

There are moments when I think I'm going
crazy
but it's gonna be alright.
Everything will be so different
when I'm on the stage tonight.

Refrain

So I'll be there when you arrive.
The sight of you will prove to me I'm still alive.
And when you take me in your arms
and hold me tight,
I know it's gonna mean so much tonight.

Refrain

Ablauf:
Intro – Zwischenspiel – Strophe – Bridge – Refrain – Zwischenspiel – Strophe – Refrain – C-Teil – Refrain

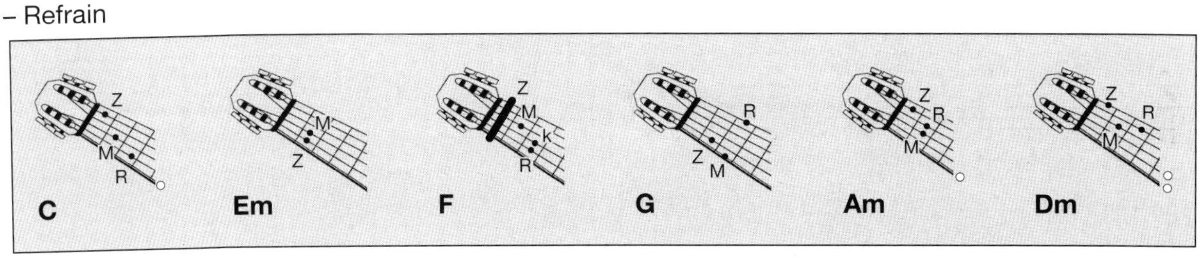

SUPER TROUPER

T.&. M.: Benny Andersson,
Björn Ulvaeus

Zwischenspiel

Chorsatz

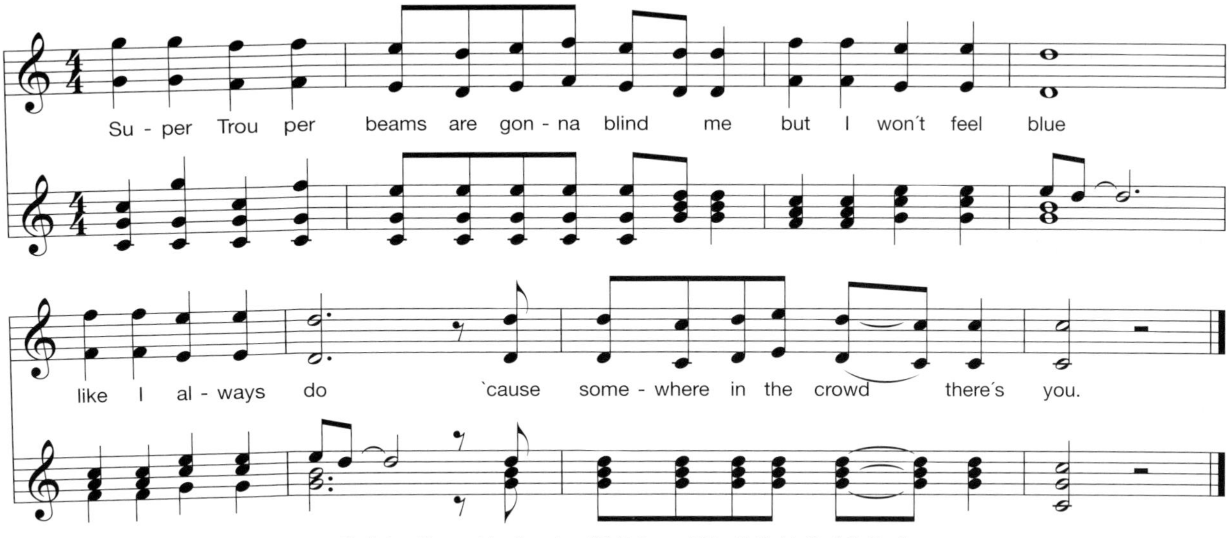

ABBA/The A-Teens

Als die Studiomusiker Björn Ulvaeus und Benny Andersson 1972 den Song „People Need Love“ zusammen mit den Sängerinnen Agnetha Faltskog und Anni-Frid „Frida“ Lyngstad aufnehmen und damit prompt einen Überraschungshit landen, können sie selbst wohl noch nicht ahnen, dass sie damit die Initialzündung zu einer der erfolgreichsten Popgruppen aller Zeiten geben würden. Als Quartett treten sie dann auch für Schweden beim Grand Prix an, den sie zwar nicht gewinnen, durch den sie aber europaweit Beachtung finden. Spätestens 1975 mit „SOS“ sind sie bereits Superstars, und die Verkaufserfolge halten trotz der Trennung 1981 an. Weltweit läuft das Musical „Mamma Mia“ mit den Hits der Schweden mit überwältigendem Erfolg (allein in Europa in acht Städten, u. a. Stockholm, London, Hamburg, Stuttgart). Auch die jüngere Generation hat die Hits wieder entdeckt.
Seit 1999 gibt es die ebenfalls aus Schweden stammende Gruppe „The A-Teens“, die sich als Tribute-Band versteht, ausschließlich ABBA-Titel neu einspielt und mit einem einem zeitgemäßen Sound versieht. Ihre erste Single „Mamma Mia“ aus dem Album „The Abba Generation“ landet in Schweden auf Anhieb auf Platz 1 der Charts. Die zweite Single „Super Trouper“ kann nahtlos an diesen Erfolg anknüpfen.

TEARS IN HEAVEN

IV/4 II/8

T & M: Eric Clapton, Will Jennings

Eric Clapton

Wie so viele große Musiker, die ihre Karriere in den 1960er-Jahren beginnen, führt Eric Claptons Weg über John Mayall und seine „Bluesbreakers". Hatte er schon mit den „Yardbirds" eine gewisse Aufmerksamkeit auf sich gezogen, so trift er bei Mayall auf die zentrale Figur der englischen Bluesszene und legt dort den Grundstein für sein unverwechselbares Spiel auf der Gitarre, das ihn bis heute immer noch ganz oben auf der Leiter der großen Rock- und Popmusiker hält. Über die Jahre hat er mit einer ganzen Reihe eigener Bands (Cream, Blind Faith, Derek and the Dominos) gespielt und mit einer Vielzahl berühmter Kollegen musiziert. Trotz neuer z. T. experimenteller Wege bleibt Clapton dem Blues und seinem Vorbild B. B. King musikalisch treu.
Mit dem Lied „Tears In Heaven" verarbeitet Clapton den tragischen Tod seines vierjährigen Sohns, der im März 1991 bei einem Sturz aus einem Fenster ums Leben kommt.

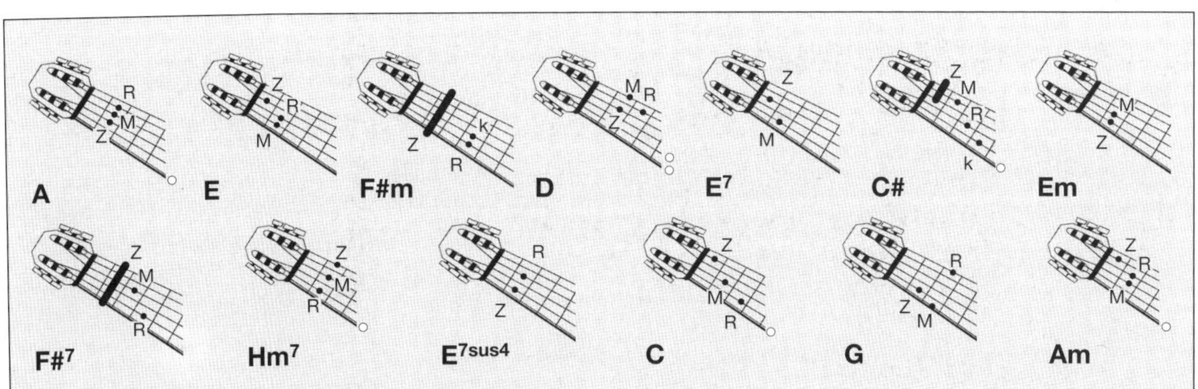

THE FIRST CUT IS THE DEEPEST

IV/5

T & M: Cat Stevens

Original in D-Dur

Cat Stevens/Sherryl Crow

Sherryl Crow gehört seit Mitte der 1990er-Jahre zu den bekanntesten Singer-Songwritern in den USA. Im Jahr 2003 bringt Sherryl Crow den Cat Stevens-Klassiker (oder wie er sich jetzt nennt: Yussuv Islam) neu heraus und fügt den zahlreichen Coverversionen von Stevens-Songs eine weitere Version hinzu. Mittlerweile gibt es auch von ihm selbst nach vielen Jahren wieder Neuinterpretationen.

Ablauf: Intro (4 Takte) – 1. Strophe – Refrain – 2. Strophe – Refrain – Solo (8 Takte) – 3. Strophe – Coda

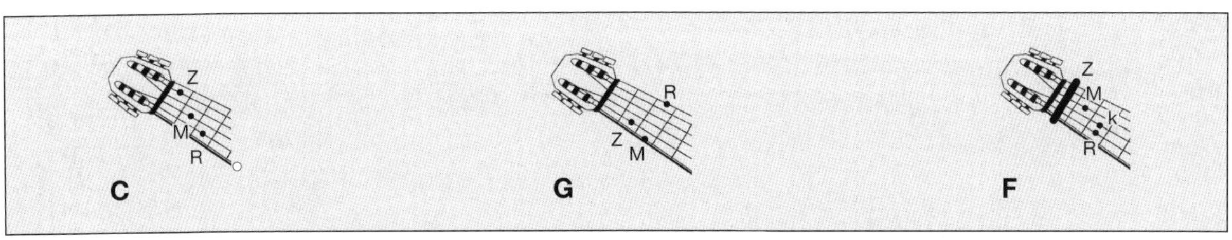

THE WAY TO YOUR HEART

IV/6

T & M: Jan Leyers, Paul Michiels

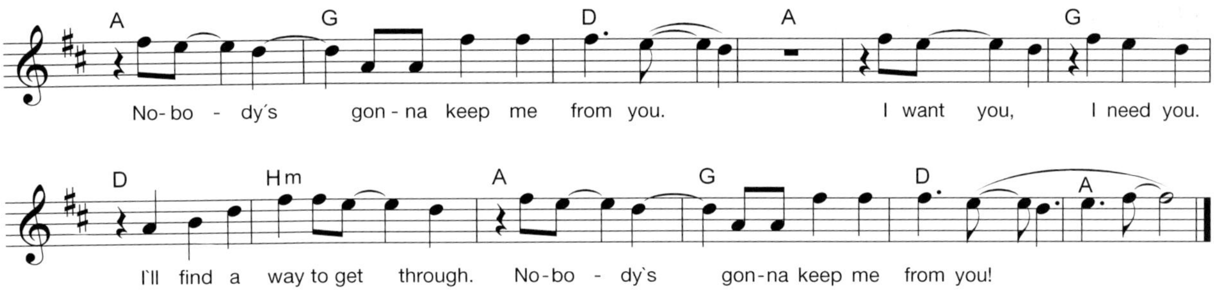

Ablauf: Strophe – Bridge – Strophe (8 Takte) – Bridge – Refrain – Strophe – Bridge – Refrain – C-Teil – Solo (Strophe) – Bridge – Refrain

Soulsisters

Mit dem Titel „The Way To Your Heart“ greift die belgische Gruppe Soulsisters (Album „It Takes Two“) Ende der 1980er-Jahre sicher bewusst auf Stilelemente der Motown-Soulproduktionen zurück und bearbeitet den Sound mit der (damals) aktuellen Technik. Typisch für einige solcher Motown-Produktionen ist das schnelle Tempo (Uptempo) und die Harmonik mit der seltenen dritten Stufe (hier Am) und der Mollvariante auf der fünften Stufe (hier Cm). Die Begleitung akzentuiert sehr stark den Backbeat mit der Gitarre auf den Zählzeiten „2“ und „4“.

Gitarrenbegleitung

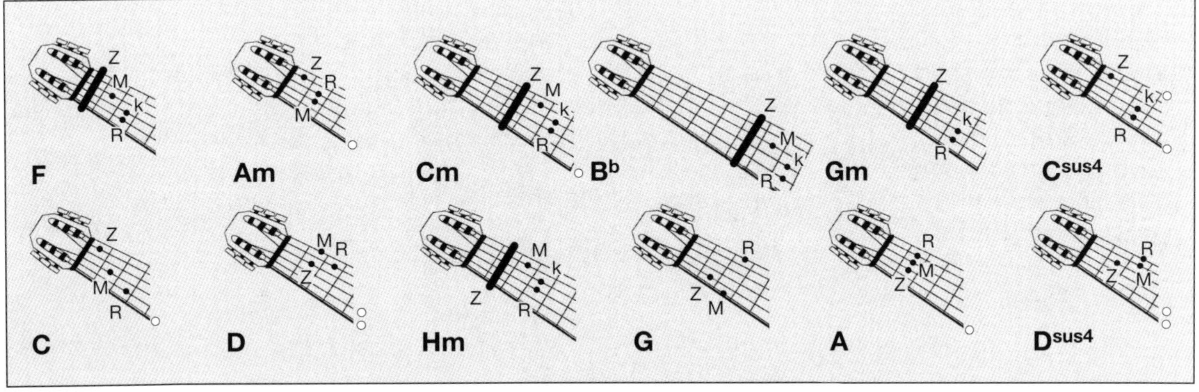

THIS LAND IS YOUR LAND

T & M: Woody Guthrie

2. I roamed and rambled
   and followed my footsteps
   to the sparkling sands
   of her diamond deserts.
   And all around me,
   a voice was sounding:
   This land was made for you and me.

3. Nobody living
   can ever stop me
   as I go walking
   ma freedom highway.
   Nobody living
   can make me turn back:
   This land was made for you and me.

Woody Guthrie

Woody Guthrie (1912–1967) kann man sicher als Urvater der neueren (nord-) amerikanischen Folk- und Songwriter-Szene bezeichnen, der sowohl für Folksänger wie Pete Seeger als auch für Songwriter wie Bob Dylan ein großes Vorbild war. Mit diesem Lied hat er für die gesamte Folkbewegung eine Hymne geschaffen. Ca. 1.000 weitere Lieder hat der umherziehende Sänger im Repertoire, von denen er die meisten selbst geschrieben hat. Schon in jungen Jahren verlässt er sein Elternhaus und lebt als „Hobo“, also umherziehender Geselle, Gelegenheitsarbeiter, Mundharmonikaspieler und Sänger, der sich selbst auf der Gitarre begleitet. Er schlägt sich auf die Seite der Unterpriviligierten und singt für die Gewerkschaftsbewegung. Woody Guthrie stirbt im Jahr 1967 an einer unheilbaren Krankheit. In dem Kultfilm „Alices Restaurant“ (mit dem gleichnamigen Hit), in dem sein Sohn Arlo Guthrie die Hauptrolle spielt, gibt es noch eine Szene, die ihn kurz vor seinem Tod im Krankenbett zeigt.

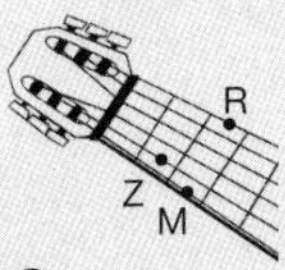

G

D

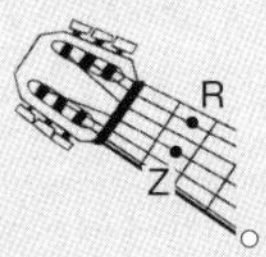

A^7

TIME TO WONDER

IV/7 II/9

T & M: Stein, Ch.
Wingenfelder, Th.
Wingenfelder, K.U.

Ablauf:
Intro – 1. Strophe – Refrain 1 – 2. Strophe – Refrain 2 – 1/2 Strophe (that's the time ...) – 1. Strophe – Refrain 2 – Zwischenteil – Solo (Refrain 2) – Refrain 2 – Refrain 2 (bis Kopf) – Coda

Fury In The Slaughterhouse

Die Band wird 1987 in Hannover als Rockband gegründet, die sich bewusst von der einige Jahre zuvor abgeebbten Neuen Deutschen Welle abheben will. Musikalisch klingt das Quintett daher eher britisch. Nach ersten Erfolgen auf Clubtouren gelingt der Durchbruch mit dem vierten Album „Mono", welches die Nummer 12 in den LP-Charts erreicht. Zu dem Erfolg kommt es schließlich auch durch einen Remix des Titels „Radio Orchid" von Mousse T. Das Konzept geht schließlich auf und führt sogar zu einem beachtlichen Erfolg in den USA und Kanada, wo sie Mitte der 1990er-Jahre als beste „irische Band seit U2" gelobt werden.

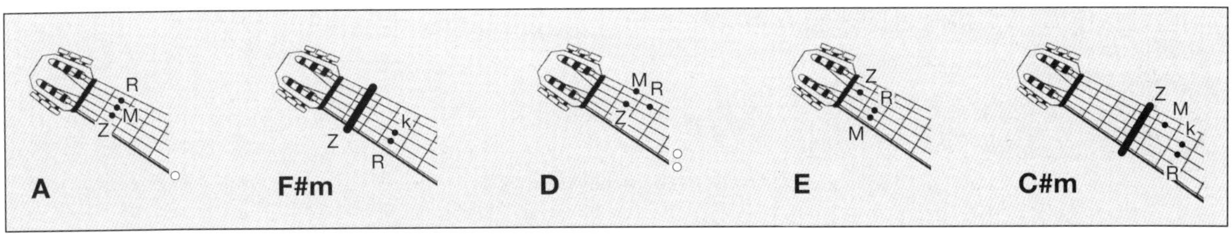

ÜBER DEN WOLKEN

IV/8 II/10

T & M: Reinhard Mey

Reinhard Mey

Schon seit den 1960er-Jahren schreibt Reinhard Mey Lieder. Anfangs stark am französischen Chanson orientiert, singt er zunächst auf Französisch und veröffentlicht dort seit 1970 unter dem Namen Frederik Mey erfolgreich Platten. Anfang der 70er-Jahre beginnt dann auch sein Erfolg in Deutschland, wo er im Laufe der Jahre durch eine Vielzahl sehr erfolgreicher Songs zu immer mehr Popularität gelangt. Selbst in die Alltagssprache wurden Titel oder Verszeilen wie „Die Schlacht am kalten Buffet“ oder „Über den Wolken muss die Freiheit wohl grenzenlos sein“ übernommen. Vom politisch intellektuellen Publikum der 70er-/80er-Jahre oft als zu kommerziell bezeichnet, hat er sich selbst immer als kritischen Geist und Beobachter der Gesellschaft verstanden. Bis heute Reinhard Mey als Sänger und Liedermacher aktiv und, wenn auch nicht immer in der chartorientierten Welt registriert, sehr erfolgreich.

1. Wind Nord/Ost Startbahn null drei,
bis hier hör ich die Motoren.
Wie ein Pfeil zieht sie vorbei,
und es dröhnt in meinen Ohren.
Und der nasse Asphalt bebt.
wie ein Schleier staubt der Regen,
bis sie abhebt und sie schwebt,
der Sonne entgegen.

Refrain
Über den Wolken muss die Freiheit wohl
grenzenlos sein.
Alle Ängste, alle Sorgen, sagt man,
blieben darunter verborgen und dann
würde, was und groß und wichtig erscheint,
plötzlich nichtig und klein.

2. Ich seh ihr noch lange nach,
seh sie die Wolken erklimmen,
bis die Lichter nach und nach
ganz im Regengrau verschwimmen.
Meine Augen haben schon
jenen winz‘gen Punkt verloren.
Nur von fern klingt monoton
das Summen der Motoren.

Refrain

3. Dann ist alles still, ich geh.
Regen durchdringt meine Jacke,
Irgendjemand kocht Kaffee
in der Luftaufsichtsbaracke.
In den Pfützen schwimmt Benzin
schillernd wie ein Regenbogen.
Wolken spiegeln sich darin.
Ich wär gern mitgeflogen.

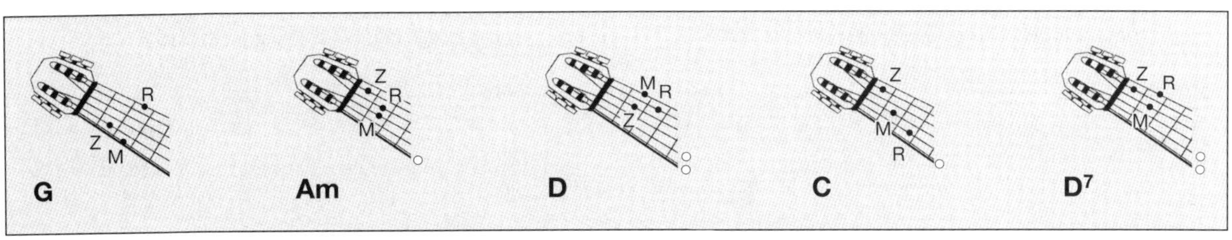

UND WENN EIN LIED

IV/9 II/11

T & M: Michael Herberger, Xavier Naidoo

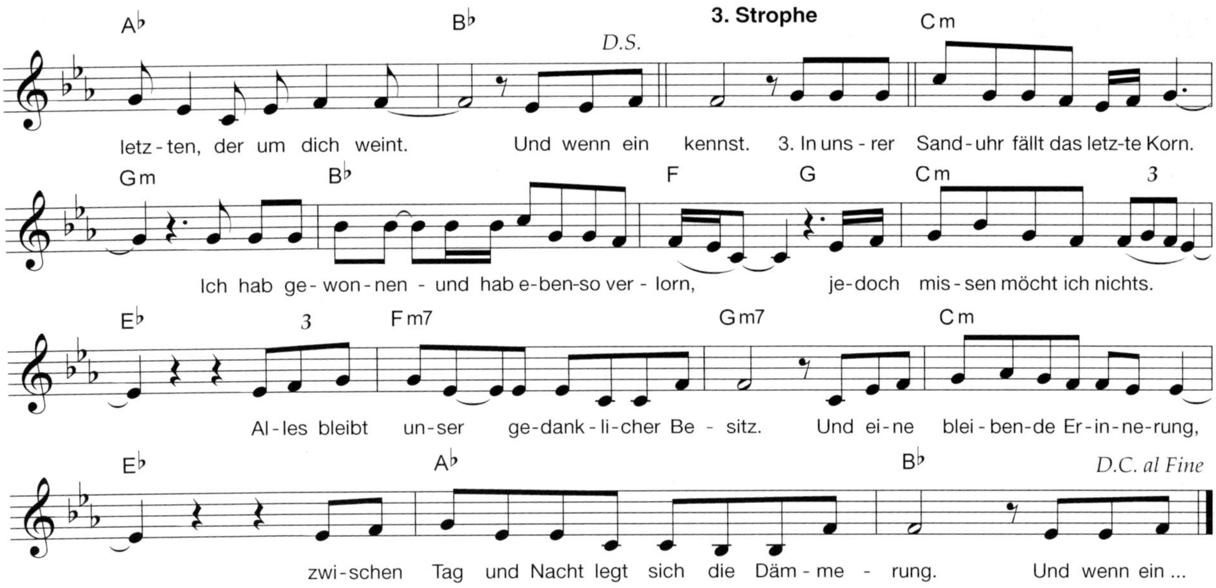

Ablauf: Intro – Refrain – 1. Strophe – Refrain 2x – 2. Strophe – Refrain – 3. Strophe – Refrain 2x

Xavier Naidoo und die Söhne Mannheims

Wie kaum eine andere deutsche Band haben Xavier Naidoo und die Söhne Mannheims mit einem Tabu in der deutschen (Pop-) Öffentlichkeit gebrochen. Kaum ein anderer Prominenter trägt mit derartiger Inbrunst ein (christlich) religiöses Bekenntnis auf den Lippen. Auf der CD „Noiz“ (spiegelverkehrt: „Zion“) geht das bis zur Vertonung des „Vater unser“.

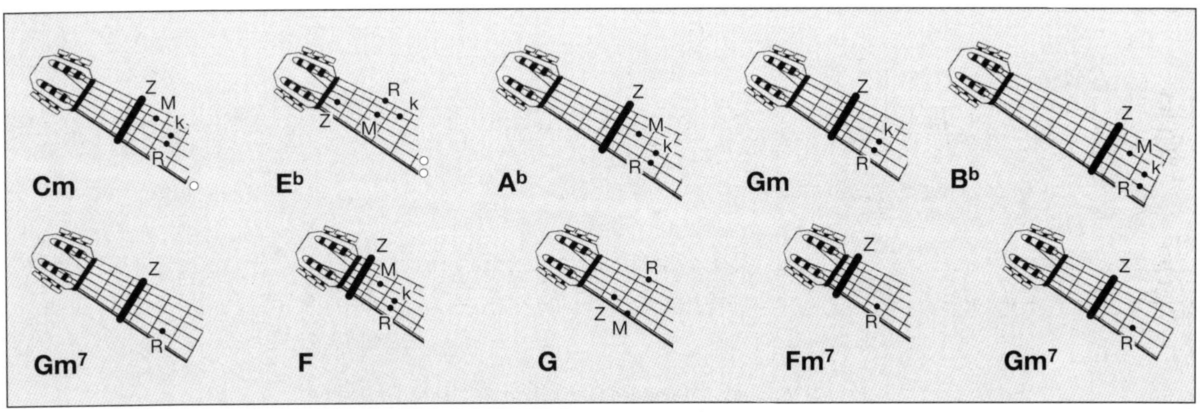

UND WENN EIN LIED

T & M: Michael Herberger,
Xavier Naidoo

Intro

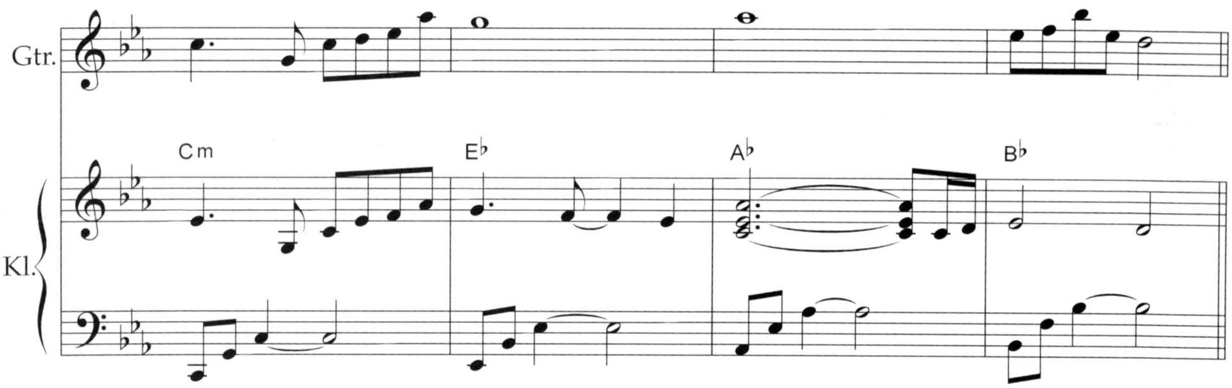

Drumpattern

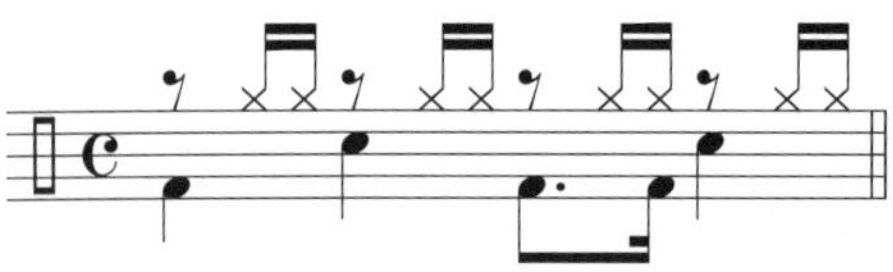

Refrain
Und wenn ein Lied meine Lippen verlässt, dann nur, damit du Liebe empfängst.
Durch die Nacht und das dichteste Geäst, damit du keine Ängste mehr kennst.

1. Sag ein kleines Stückchen Wahrheit, sieh, wie die Wüste lebt.
Schaff ein kleines bisschen Klarheit und schau, wie sich der Schleier hebt.
Eine Wüste aus Beton und Asphalt, doch sie lebt und öffnet einen Spalt,
der dir Neues zeigt, zeigt, dass Altes weicht, auch wenn dein Schmerz bis an den Himmel reicht.

Refrain
Und wenn ein Lied meine Lippen verlässt, dann nur, damit du Liebe empfängst.
Durch die Nacht und das dichteste Geäst, damit du keine Ängste mehr kennst.
Und wenn ein Lied meine Lippen verlässt, dann nur, damit du Liebe empfängst.
Durch die Nacht und das dichteste Geäst, damit du keine Ängste mehr kennst.

2. Dieses Lied ist nur für dich. Schön, wenn es dir gefällt.
Denn es kam so über mich, wie die Nacht über die Welt.
Schnellt Gefahr aus der Dunkelheit, bin ich zum ersten Schlag bereit.
Ich bin der Erste, der dich befreit, und einer der Letzten, der um dich weint.

Refrain
Und wenn ein Lied meine Lippen verlässt, dann nur, damit du Liebe empfängst.
Durch die Nacht und das dichteste Geäst, damit du keine Ängste mehr kennst.

3. In unsrer Sanduhr fällt das letzte Korn, ich habe gewonnen und hab ebenso verloren.
Jedoch missen möchte ich nichts, alles bleibt unser gedanklicher Besitz.
Und eine bleibende Erinnerung, zwischen Tag und Nacht legt sich die Dämmerung.

Refrain
Und wenn ein Lied meine Lippen verlässt, dann nur, damit du Liebe empfängst.
Durch die Nacht und das dichteste Geäst, damit du keine Ängste mehr kennst.
Und wenn ein Lied meine Lippen verlässt, dann nur, damit du Liebe empfängst.
Durch die Nacht und das dichteste Geäst, damit du keine Ängste mehr kennst.

Damit du keine Ängste mehr kennst, damit du keine Ängste mehr kennst!

WE ARE THE WORLD

IV/10 II/12

T & M: Michael Jackson, Lionel Richie

Life Aid For Africa

Am 13. Juli 1985 findet eines der größten Ereignisse der Popgeschichte statt, organisiert vom britischen Punkmusiker Bob Geldof („I Don‘t Like Mondays“) : Ein Konzert im Londoner Wembley-Stadion (parallel zu einem Konzert in Philadelphia in den USA), das weltweit übertragen und vermarktet wird, mit dem ein Zeichen gesetzt und mit dessen Erlösen den Hungernden auf dem schwarzafrikanischen Kontinent geholfen werden soll. Geldof sichert sich damit einen Platz in der Geschichte der Popmusik, den er über seine Musik allein wohl nie erreicht hätte. Alles, was damals Rang und Namen hat, ist vertreten; sogar über eine Rückkehr der Beatles (mit Lennons Sohn an dessen Platz) wird spekuliert (was sich dann aber doch als reine PR-Maßnahme entpuppt). Michael Jackson und Lionel Richie, beide auf dem Höhepunkt ihrer Karriere, zeichnen als Autoren des wohl bekanntesten Songs „We Are The World“, der für die Solidarität mit den Hungernden in Afrika und in der Welt steht. Zu den bekanntesten Sängerinnen und Sängern, die bei der Aufnahme (ohne Gage) mitwirken, gehören u. a: Harry Belafonte, Kim Carnes, Ray Charles, Bob Dylan, Sheila E., Bob Geldof, Daryl Hall & John Oates, Michael Jackson, Al Jarreau, Billy Joel, Cyndi Lauper, Huey Lewis & The News, Kenny Loggins, Bette Midler, The Pointer Sisters, Lionel Richie, Smokey Robinson, Kenny Rogers, Diana Ross, Paul Simon, Bruce Springsteen, Tina Turner, Stevie Wonder uvm.

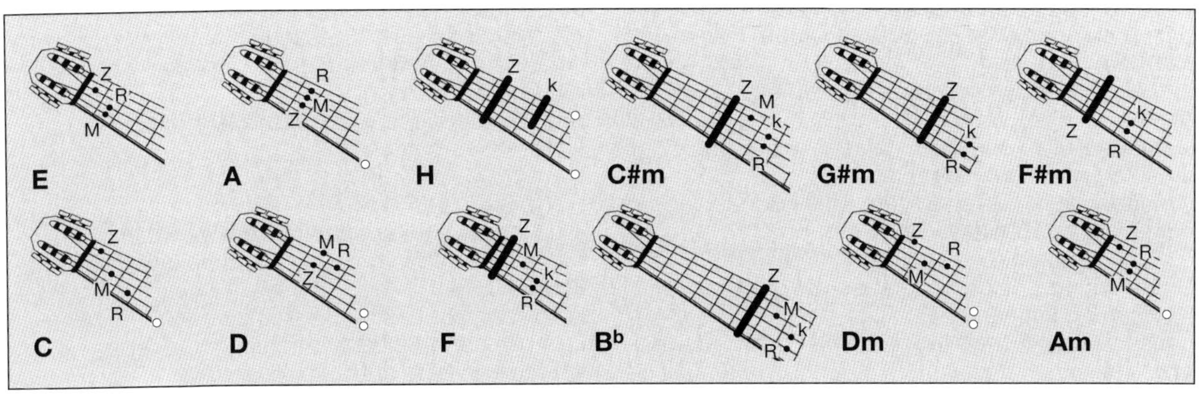

WECK MICH AUF

IV/11 II/13

T.: Sammy Sorge
M.: Richard Leslie Holroyd

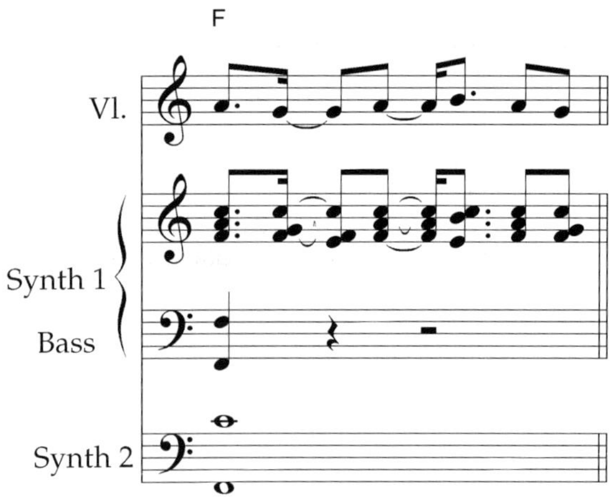

Rhythmuspattern

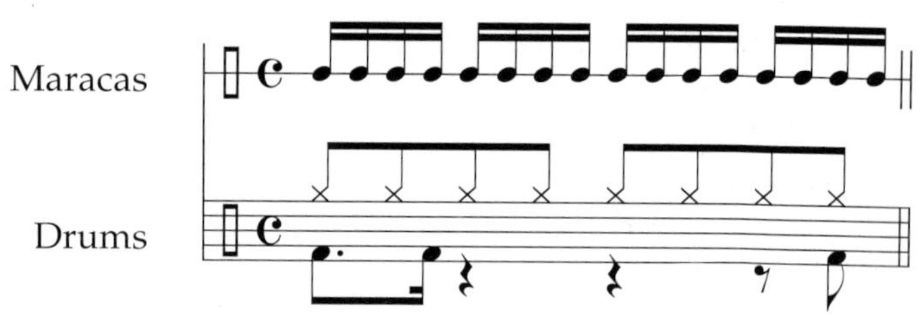

Wir leben in 'nem Land in dem mehr Schranken
stehen als es Wege gibt
mehr Mauern als Brücken gibt,
Stimmung ist negativ
und die Alten fragen warum
rauch ich täglich Weed
warum sind ich und meine ganze
Generation so depressiv
Wir sind jeden Tag umgeben von lebenden Toten
umgeben von Schildern die uns sagen
„Betreten verboten"
umgeben von Skinheads die Türken und
Afrikanern das Leben nehmen
während Bullen daneben stehen,
um Problemen aus dem Weg zu gehen
Umgeben von Ja-Sagern, die alles nur nachlabern
denen kaltes, dunkles Blut pumpt durch
die Schlagadern
Umgeben von Kinderschändern die grad mal
Bewährung kriegen
genau wie die Scheiß-Nazis deren Opfer unter der
Erde liegen

Hat dieses Land wirklich nicht mehr zu bieten
als 'n paar Millionen Arschgesichter mit 'ner
Fresse voller Hämmorhoiden
die meinen dieses Land sehr zu lieben doch sind
nicht sehr zufrieden?
zu euerm Frust oder warum seid ihr hiergeblieben
Ich muss mich von euch ganzen
Schlappschwänzen abgrenzen
all den ganzen Hackfressen,
die mich jeden Tag stressen
sind die gleichen Leute an der Spitze
die sich satt essen
und Minderheiten werden zu Mehrheiten,
trotzdem vergessen

Refrain
Weck mich bitte auf aus diesem Albtraum,
Menschen sehn vor lauter Bäumen den Wald
kaum
Man versucht uns ständig einzureden
Dass es noch möglich wär hier frei zu leben
Weck mich bitte auf aus diesem Albtraum,

Menschen sehn vor lauter Bäumen den Wald kaum
Ich und du und er und sie und es sind
Besser dran wenn wir uns selber helfen

Ich bin der Typ der kurz nach Beginn der Party schon geht
weil ich nicht feiern kann solange ich in Babylon leb'
Wir haben miese Karten, regiert von Psychopathen
verwaltet von Bürokraten die keine Gefühle haben
kontrolliert von korrupten Cops die oft Sadisten sind
Verdächtige suchen nach rassistischen Statistiken
gefüttert von Firmen die uns jahrzehntelang vergifteten
informiert durch Medien die's erst zu spät berichteten
Scheiß auf 'nen Unfall im PKW, Schäden vom THC
Wir haben bald alle BSE
Und du schaust noch auf dein EKG, bevor dein Herz stoppt
und denkst ‚Auf 'n dickes Steak hätte ich trotzdem jetzt Bock'
Gehirnwäsche pur, rund um die Uhr
und Vater Staat schlägt und vergewaltigt Mutter Natur
die Scheiß-Politiker dienen der dunklen Seite wie Darth Vader
und haben 'n Horizont von ca. einem Quadratmeter
Keine eigene Meinung zehn eigene Ratgeber
die schwachsinnigen Scheiß reden als hätten sie 'nen Sprachfehler
hoffen die braven Wähler zahlen weiterhin gerne Steuergelder
doch ich bin hier um Alarm zu schlagen wie 'n Feuermelder

Refrain

Was sagt wohl Schröder dazu, ich glaub' ich ruf' ihn mal an
sag zu ihm: ‚Gerhard, schau dir doch unsere Jugend mal an.'
Ein Drittel starrt mit offenem Mund auf ihre Playstations
das zweite Drittel feiert im Exzess als Ravenation
Abhängig von teuflischen pharmazeutischen Erzeugnissen
weil sie nicht wussten was diese Scheißdrogen bedeuteten
das dritte Drittel hängt perspektivlos rum auf deutschen Straßen
kifft mit dreizehn Jahren, ziehn sich schon dieses weiße Zeug in die Nase
die keine Ziele, nur Träume haben,
und das sind meist teure Wagen
planen ihr Leben nicht weiter als heute abend
denken zur Not geht es wie bei Nintendo noch neu zu starten
scheißen drauf ob sie bald sterben,
wer will schon alt werden
In diesem Land in dem mehr Schranken stehen als es Wege gibt
mehr Mauern als Brücken gibt,
Stimmung ist negativ
Für die Alten: darum rauchen wir täglich Weed
und deshalb sind ich und meine Generation so depressiv.

Refrain

Samy Deluxe

Der Rapper „Samy Deluxe (mc)" beginnt seine Karriere Ende der 1990er-Jahre zusammen mit DJ Dynamite und Tropf (beats) als „Dynamite Deluxe". 1995 beschließen sie, die Schule zu verlassen und an ihren Songs zu arbeiten. Unterstützt vom Hamburger Hip-Hop-Label „Eimsbush" bringen sie 1998 ihre erste Maxi „Pures Gift" heraus, dessen Startauflage (500 Stück) an einem Wochenende verkauft wird. Es folgten ein 8-Track-Tape und eine zweite Maxi. „Samy Deluxe" gilt bald als einer der begabtesten MCs (Master Of Ceremony) und tritt als Gast mit verschiedenen Crews auf. Mitte 1999 veröffentlicht „Eimsbush" eine Zweitauflage der beiden ausverkauften Maxis – ohne Video und Anzeigenkampagne verfehlt die Platte nur knapp die Charts. Im Jahr 2000 kommt das erste Album von „Dynamite Deluxe" heraus: „Deluxe Soundsystem". Anfang 2001 verlässt DJ Dynamite die Band, die sich seitdem nach ihrem Frontmann „Samy Deluxe" nennt. Das erste neue Projekt ist das Album „Samy Deluxe – Das Album", von der auch die Single-Auskopplung „Weck mich auf" stammt.

WEINST DU?

IV/12 II/14

T & M: Jan Phillip Kelber, Joachim Schlüter, Stefan Endrigkeit, Lars Plogschties, Dirk Zuther

Echt – Stiller

Die Band „Echt“ geht aus einer Schülerband eines Flensburger Gymnasium hervor. Die Anfänge reichen in das Jahr 1991 zurück, als Gitarrist Kai Fischer und der Schlagzeuger Florian Sump sich zusammenfinden. Später kommen Kim Frank (Gesang) und Andreas Puffpaff (Bass) hinzu und die Band ist komplett und erntet erste Erfolge in Schulen und Clubs, u. a. in England. Eine erste CD wird produziert und bei Konzerten verkauft. Ab 1996 wird Frank Plaza (Falco, Stoppok) ihr Produzent, und es folgt ein Vertrag mit dem Plattenlabel „Laughing House Music“, eine erste Single in den Charts und eine Echo-Nominierung.
Der Titel „Weinst du?“ stammt ursprünglich von der Formation „Stiller“, einer projektorientierten Band aus dem Hamburger und Lüneburger Raum, deren Sound und Klangexperimente in Form einer CD-Rom beim Verlag Sony Music Publishing landet und zu einem Verlagsvertrag führt. Bei der Suche nach geeigneten Songs für die Newcomer „Echt“ wird schließlich der Song „Sag mal, weinst du?“ von „Stiller“ ausgewählt, der Titel wird zum ersten Top 10-Hit in Deutschland des Verlags Sony Publishing im neuen Jahrtausend.

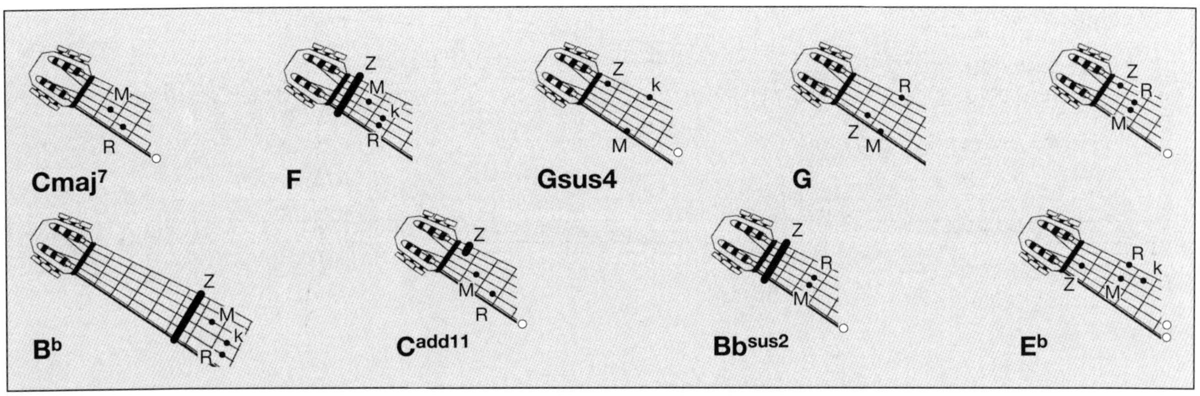

WEINST DU?

T & M: Jan Phillip Kelber, Joachim Schlüter, Stefan Endrigkeit, Lars Plogschties, Dirk Zuther

WEINST DU?

Klaviersatz

T & M: Jan Phillip Kelber, Joachim Schlüter, Stefan Endrigkeit, Lars Plogschties, Dirk Zuther

WHAT A WONDERFUL WORLD

IV/13

T & M: George D. Weiss,
George Douglas

Louis Armstrong (1900–1971)

Das Lied „What A Wonderful World“ ist ohne Zweifel an einen großen Namen der Unterhaltungsmusik im 20. Jahrhundert gebunden: Louis Armstrong „Satchmo“. Neben seinem Trompetenspiel, das ihn ursprünglich berühmt macht, tritt Lous Armstrong durch seine unverwechselbare Stimme hervor. Als Sänger und Entertainer hat er sich allerdings erst Ende der 1930er-Jahre entpuppt. In ärmlichen Verhältnissen in New Orleans geboren und in einem Kinderheim aufgewachsen, wo er auch seine ersten musikalischen Unterweisungen erhält, entwickelt sich Satchmo zum ersten großen Solisten des traditionellen New Orleans-Jazz.

Klavierbegleitung (in ruhigen Triolen)

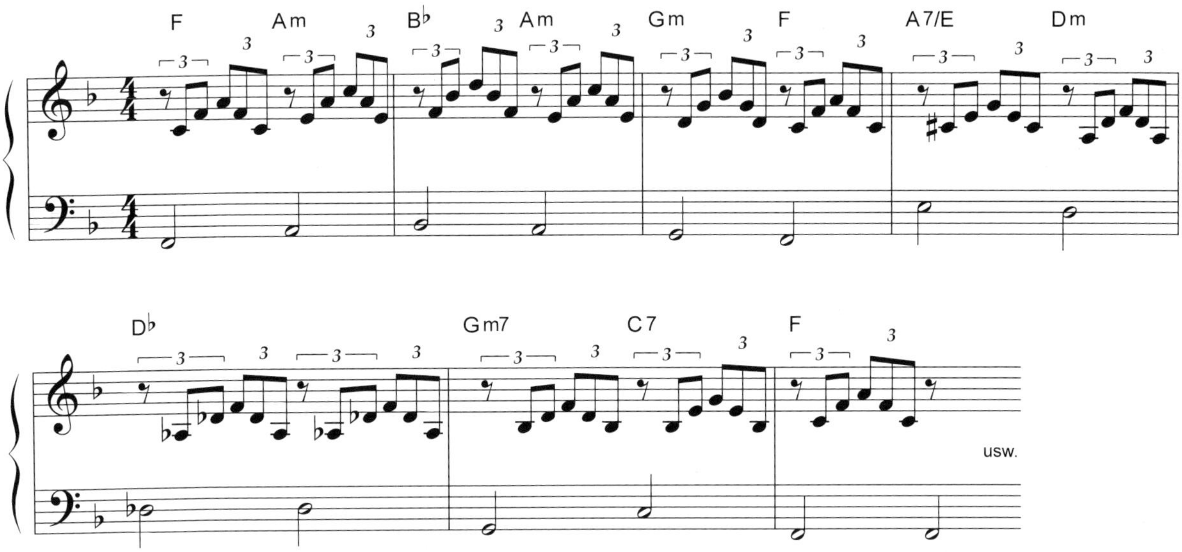

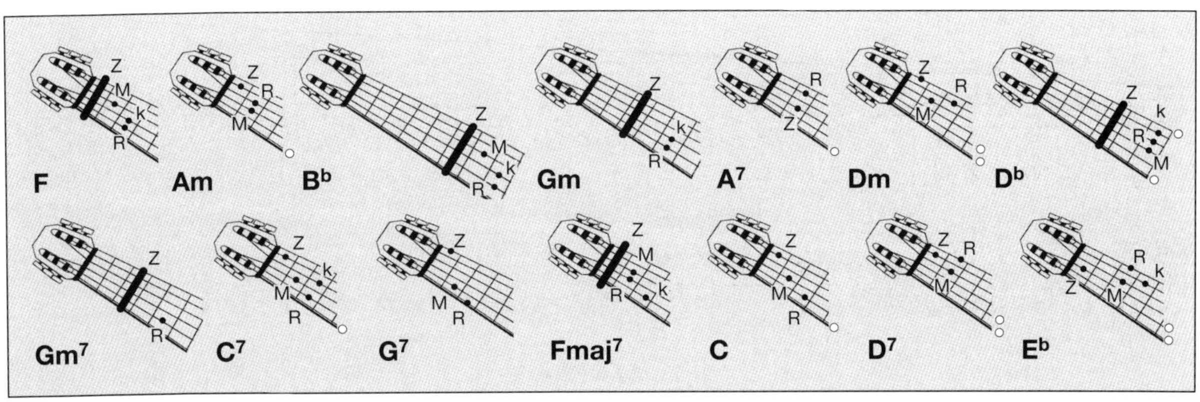

WHAT'S UP

IV/14

T & M: Linda Perry

4 Non Blondes

„What´s Up" vom Album „Bigger, Better, Faster" ist der Sommerhit des Jahres 1993. Mit ihm hält sich die Newcomer-Band „4 Non Blondes" von der amerikanischen Westküste (Linda Perry: Gitarre/Gesang; Christa Hillhouse: Bass; Dawn Richardson: Schlagzeug und Roger Rocha: Gitarre) wochenlang in den internationalen Charts. Geprägt ist der Sound der Band durch unterschiedliche Einflüsse u. a. aus Rock, Blues und Folk, sicher nicht zuletzt durch die Stimme von Linda Perry. Insgesamt wirkt die Musik eher bodenständig und handgemacht. Das von Prince produzierte Top 10-Album „Bigger, Better, Faster" bleibt auch das einzige des Quartetts aus San Francisco, welches sich 1989 formiert hatte und seither dort durch Bars und Clubs tingelt. 1992 kommt dann ihr Album heraus, nachdem sie bei einem Bandwettbewerb gewonnen haben.
Die Presse sieht die Band in der Nachfolge von Nirvana.
Linda Perry lebt seit Auflösung der Band als Songwriterin in Los Angeles.

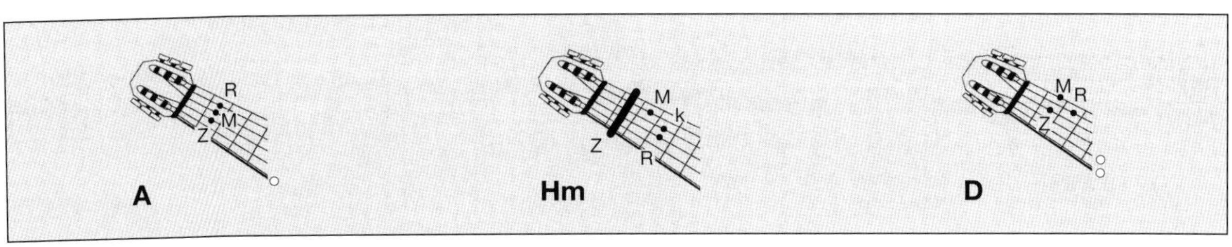

WHENEVER, WHEREEVER

T & M: Shakira, Gloria M. Estefan,
Tim Mitchell

Shakira

Shakira ist spätestens seit dem Erfolg von „Whenever Whereever" ein Star am Latin-Musikhimmel. Auf der Suche nach immer neuen, unverbrauchten Stimmen – und vor allem Gesichtern – wird die Musikbranche diesmal in Kolumbien fündig. Abgesehen von der frischen Optik – der Mischung aus blond gefärbten Haaren und einer Bühnenshow mit Bauchtanzelementen – ist auch die Musik Shakiras eine Melange aus Einflüssen dreier Kulturen: So wird die anglo-amerikanische Popmusik in unverkennbar lateinamerikanischem Duktus, was den Rhythmus und die Instrumentation anbelangt, präsentiert und das Ganze dann mit orientalischen Anklängen gewürzt. „Whenever Whereever" (vom Album „Laundry Service") ist – anders als die kubanisch, mexikanisch oder brasilianisch beeinflussten Erfolgsstücke der letzten Jahre (Santana, Buena Vista Social Club) – eher vom Klang der Anden geprägt, insbesondere durch das kurze Thema auf der Panflöte und die Rhythmik. Anders als andere Jungstars schreibt Shakira ihre Texte selbst. Vor ihrer ersten überwiegend englischsprachigen CD veröffentlichte sie bereits vier mit Alben mit spanischen Texten.

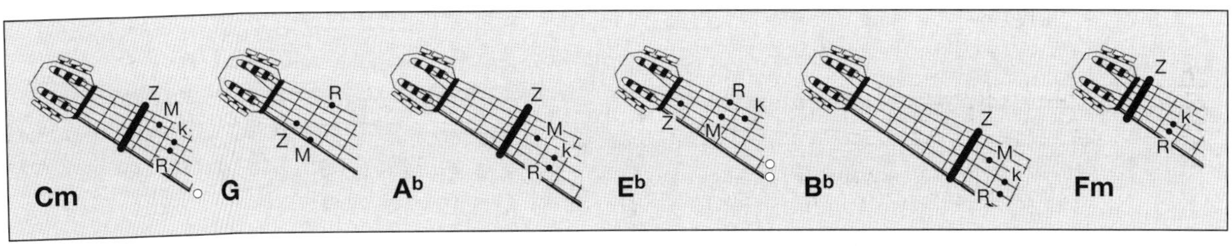

WONDERFUL WORLD

IV/15 II/15

T. & M.: S. Cooke, H. Alpert, L. Adler

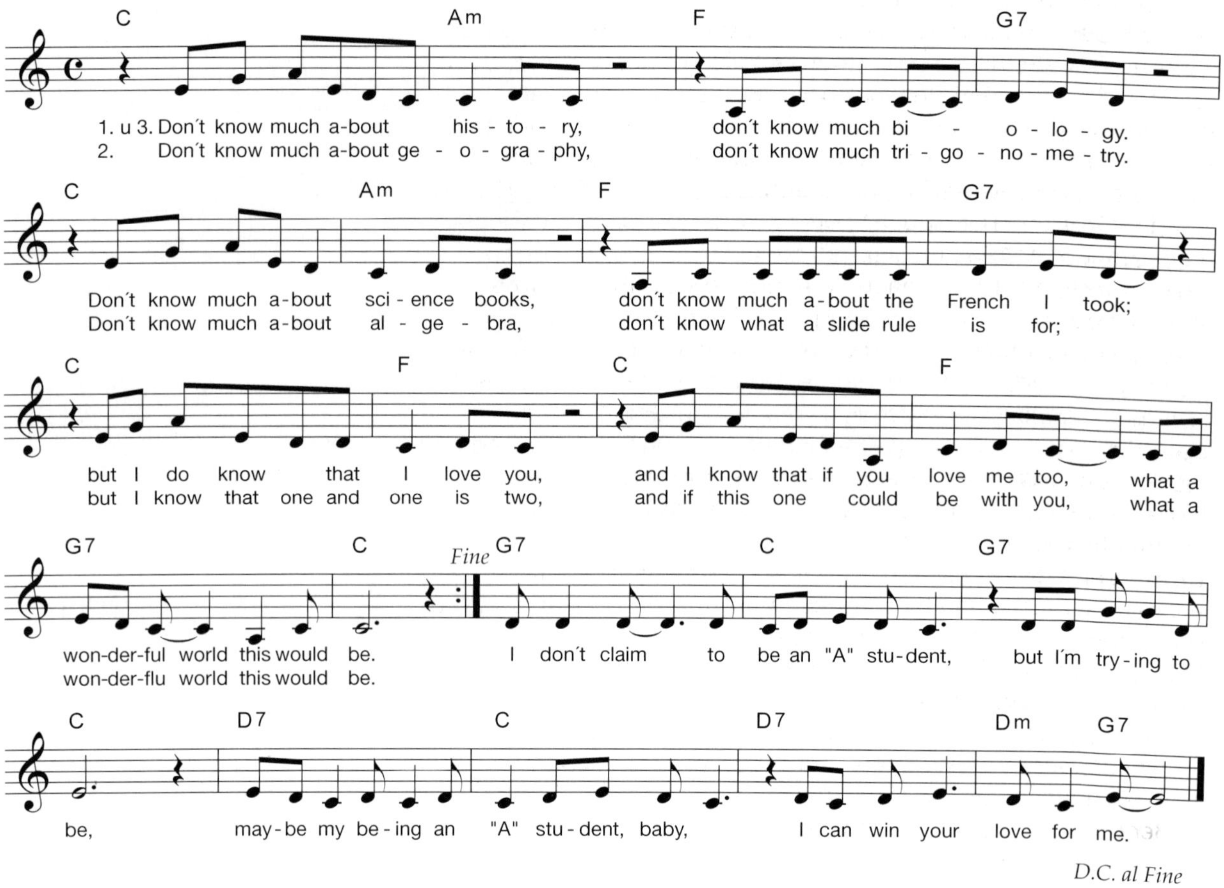

Chorstimmen

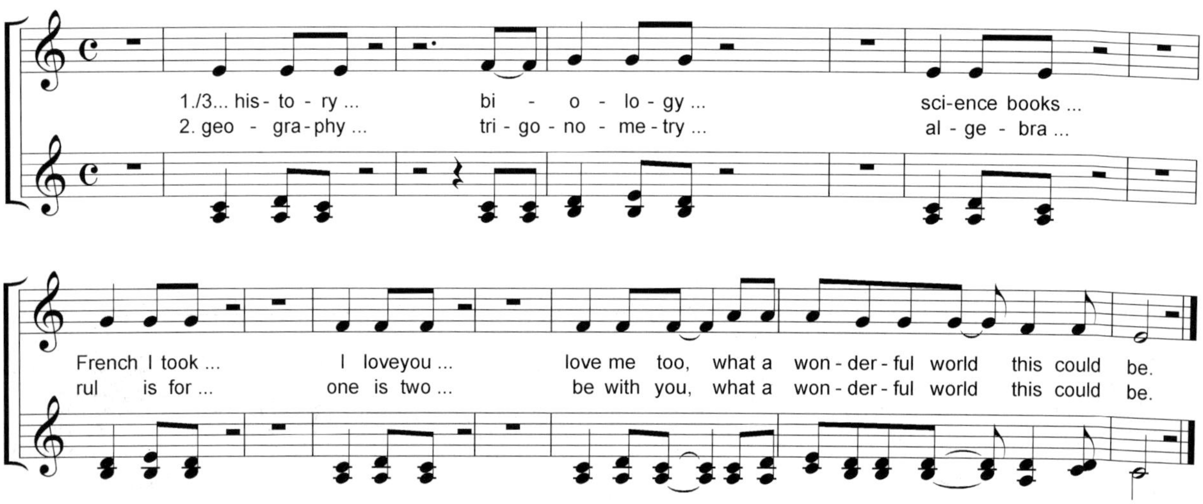

Sam Cooke

Sam Cooke wird am 22.1.1931 in Clarksdale, Mississippi (USA) als Sohn eines schwarzen Baptistenpredigers geboren. In seiner Musik verschmelzen Gospel- und Popelemente zu einem eigenen Stil, der sowohl Soulmusiker wie Otis Redding als auch Rockgrößen wie Rod Steward beeinflusst. Seine musikalische Karriere beginnt zusammen mit seinen Geschwistern in einer Formation namens „Soul Children“ und der Teenager-Band „Highway GOs“. Ab 1950 kann er Erfolge unter den Gospelhörern mit der Gruppe „The Soul Stirrers“ verbuchen. Die erste Single veröffentlicht er 1956 („Lovable“) zunächst unter dem Namen Dale Cooke, die 1957 – nach dem Wechsel zur Plattenfirma „Keen Records“ – von dem Song „You Send Me“ gefolgt wird. Seit dieser Zeit schreibt Cooke seine Songs selbst, was für die damaligen Produktionen ungewöhnlich ist. Nach dem Wechsel zur Plattenfirma RCA folgen Hits wie „Chain Gang“, „Another Saturday Night“, „Twisting The Night Away“ und eben „Wonderful World“, die zum Teil zu Klassikern der Popmusik werden.
Bis auf eine Ausnahme (das Album „Night Beat“ von 1963) veröffentlichte er nur Singles.
Cooke stirbt am 11. Dezember 1964 in Los Angeles unter mysteriösen Umständen. Offenbar aufgrund eines Irrtums wird er von einer Hotelmanagerin erschossen.
Der Titel „Wonderful World“ erklimmt den Höhepunkt seiner Popularität – übrigens erst 30 Jahre nach Cookes Tod durch die Verwendung in einem Werbespot für Jeans. Auch der Livemitschnitt eines Konzerts aus dem Harlem Square Club von 1963 wird erst 1985 veröffentlicht.
Außer durch Cookes Stimme ist die Originalaufnahme vom durchgängigen Backgroundgesang geprägt (siehe Chorstimme); diese kann natürlich auch durch Instrumente verstärkt oder ersetzt werden.

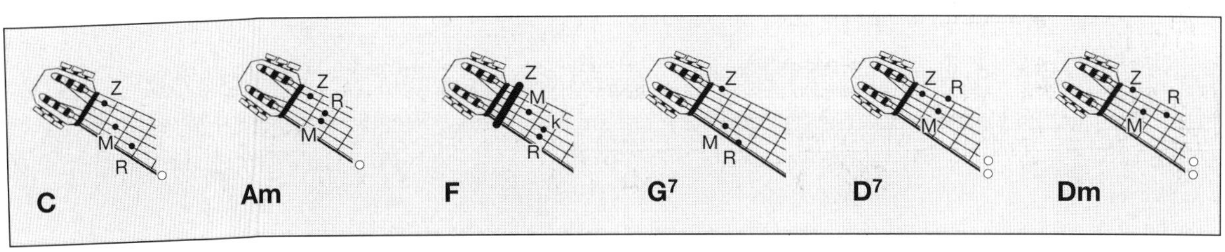

Verzeichnis der Bildquellen

S. 7: © 1984 EMI Electrola GmbH
S. 12: © 2003 Universal Entertainment GmbH
S. 17: © Mathias Bothor, Polydor
S. 23: © SONY BMG MUSIC ENTERTAINMENT (GERMANY) GmbH
S. 27: Eva Mueller
S. 29, 33, 37: SONY BMG MUSIC ENTERTAINMENT (GERMANY) GmbH
S. 43: © CBS
S. 45: © SONY BMG MUSIC ENTERTAINMENT (GERMANY) GmbH
S. 48, 49: © 2003 Universal Entertainment GmbH
S. 51: © Warner Music Group Germany Holding GmbH
S. 55: © 2005 Xavier Naidoo GmbH „Söhne Mannheims"
S. 57, 59: © EMI Music Germany
S. 63: ZYX
S. 71: © SONY BMG MUSIC ENTERTAINMENT (GERMANY) GmbH 2005
S. 73, 75: © Copyright: EMI Music Germany
S. 77, 79, 81: © Warner Music Group Germany Holding GmbH
S. 83: © 2003 Universal Entertainment GmbH
S. 85: © 1999 Pegasus
S. 89: © Warner Music Group Germany Holding GmbH
S. 91: © EMI Music Germany
S. 99, 109 113: © SONY BMG MUSIC ENTERTAINMENT (GERMANY) GmbH
S. 117: © Duchesse
S. 119: © SONY BMG MUSIC ENTERTAINMENT (GERMANY) GmbH 2005
S. 127: © 2003 Universal Entertainment GmbH
S. 129: © Warner Music Group Germany Holding GmbH
S. 135: © Ludlow Music
S. 137: 139: © EMI Music Germany
S. 143: © SONY BMG MUSIC ENTERTAINMENT (GERMANY) GmbH
S. 147: Groove Attack
S. 153: © EMI Music Germany
S. 157: © SONY BMG MUSIC ENTERTAINMENT (GERMANY) GmbH 2005